地方高校省部共建机制解析

洪玉管 ◎ 著

浙江工商大学出版社
ZHEJIANG GONGSHANG UNIVERSITY PRESS
·杭州·

图书在版编目(CIP)数据

地方高校省部共建机制解析 / 洪玉管著. —杭州：浙江工商大学出版社，2020.8

ISBN 978-7-5178-4084-8

Ⅰ.①地… Ⅱ.①洪… Ⅲ.①地方高校－教育建设－研究－中国 Ⅳ.①G649.21

中国版本图书馆 CIP 数据核字(2020)第 164730 号

地方高校省部共建机制解析

DIFANG GAOXIAO SHENGBU GONGJIAN JIZHI JIEXI

洪玉管 著

责任编辑 谭娟娟
封面设计 王 辉
责任印制 包建辉
出版发行 浙江工商大学出版社
(杭州市教工路 198 号 邮政编码 310012)
(E-mail:zjgsupress@163.com)
(网址:http://www.zjgsupress.com)
电话:0571-88904980,88831806(传真)
排 版 杭州朝曦图文设计有限公司
印 刷 广东虎彩云印刷有限公司绍兴分公司
开 本 710mm×1000mm 1/16
印 张 11
字 数 163 千
版 印 次 2020 年 8 月第 1 版 2020 年 8 月第 1 次印刷
书 号 ISBN 978-7-5178-4084-8
定 价 39.80 元

浙江工商大学出版社营销部邮购电话 0571-88904970

前　言

为了促进我国高等教育均衡发展，2004 年，教育部出台“省部共建地方高校”的政策，该项政策是促进国家高教体制改革，推动中西部地区高等教育发展，实现高等教育资源合理配置的重大举措。经过十几年的实践，地方高校省部共建得到不断的发展，截至 2019 年底，省部共建的地方高校共计 81 所（本书特指教育部参与共建的地方高校，按共建开始时间选取前 80 所作为研究对象），这些高校是地方高校的排头兵，在地方经济社会发展中发挥着重要的支撑和引领作用。审视地方高校省部共建实践的发展，共建工作取得了一定的成效，但共建高校的改革发展仍然面临许多困难和问题。

本书从非完全利益共同体合作博弈及治理的理论视角，除对地方高校省部共建的溯源与演进、规模和类型、特征、模式等实践现状进行梳理总结外，还对地方高校发展中的省部共建绩效、影响因素、运作机制和水平提升策略等问题展开了考察、分析和探索。具体来讲，本书的主要内容由以下 4 个部分组成：

第一部分，重点解决“是什么”的问题。本部分就地方高校省部共建的溯源与演进进行了梳理，并对省部共建的规模、类型、特征和模式等实践现状进行了总结。

地方高校省部共建可以划分为探索期、扩展期、深化期 3 个阶段。截至 2013 年 8 月，共建高校已覆盖全国所有省区市，产生了省部共建、省部部（委）共建、省部市共建、省部企（社会组织）共建、部省合建等共建类型。共建政策具有目标的渐进性、形式的多元性、边界的延展性等三大特征。不同发展模式的共建高校存在不同的共建基础、办学定位、共建形式和共建力度。

第二部分，重点解决“怎么样”的问题。本部分就地方高校省部共建实践发展中的绩效进行了综合考察，并就省部共建存在的问题及其影响进行分析。

本部分结合“过程”与“结果”2 个维度，从定性和定量 2 种方法入手，综合考察省部共建在优化国家高教资源布局、提升高校综合实力和推动区域经济社会发展等方面的影响。在进一步考虑人才培养质量、科学研究水平和社会服务能力外，着重考虑学科是否进入“双一流”及学科评估结果，进而分析目前省部共建地方高校的学科发展情况，提出共建高校的不同发展模式。

纵观十几年来地方高校省部共建实践，省部共建在推动地方高校与地方经济社会协调发展过程中起到了积极的作用，但也存在诸如省部共建目标还不够明确、省部共建机制还不够健全、省部共建政策还不够清晰等问题，从而导致了省部共建结果差强人意、治理主体缺位、动力难以持续等问题。

第三部分，重点解决“为什么”的问题。本部分就地方高校省部共建实践过程中的共建主体的重要性及共建主体的动机、目标、行为对共建的影响进行分析；围绕地方高校省部共建主体间的合作与冲突机制，立足非完全利益共同体合作博弈的视角，厘清省部共建的各个利益主体之间的激励约束关系，并从合作与冲突 2 个方面探讨共建主体的协调机制。

在共建主体合作的过程中，主要存在 3 种机制，即理性机制（如省部共建协议等）、效用转移机制（如多主体协同治理机制等）、协商机制（如定期会商、信息共享等）。在这 3 种机制的共同作用下，由多主体参与的省部共建的合作系统才能得以形成，并有序、高效地运转，各个共建主体在合作过程中实现自己的利益最大化和合作的共同目标。

第四部分，重点解决“怎么做”的问题。本部分通过确立地方高校省部共建过程的总体思路，形成全局性的构想，并立足治理机制的优化和提升，确立省部共建高校水平提升的总体框架和关键策略，最后围绕高校发展的特殊性，明确创新发展的方向，并通过具体的案例对上述理论方向进行解析和说明。

省部共建除了要有长期建设的宏观目标，更需要分解到短期建设的以新设项目、平台为抓手的中观目标，也需要共建高校结合人才培养、科学研究、社会服务等具体建设实施的微观目标；通过分析省部共建高校治理机制的动态演进过程，提出省部共建高校治理模式优化的新途径，也就是要优化外部治理机制和完善内部治理机制。不管是从中央部委、地方政府，还是从共建高校来说，都需要创新共建体制、突出战略地位，立足区域需求、强化高校特色，加快治理创新、推动协同发展。

在本书的写作过程中，作者除了得到兄弟高校给予调研、资料提供等的支持外，还参考了许多同行专家的著作成果及兄弟高校的案例，在此表示感谢。对地方高校省部共建机制的分析无论是在理论上还是在实践中都属于较新领域，作者学术能力水平有限，不足之处，还恳请同行批评指正！

洪玉管

2020 年 5 月于杭州钱塘江畔

目　录 Contents

第1章 绪 论

1.1 问题提出

教育强则国家强。一个国家的发展水平、发展潜力与高等教育发展水平休戚相关。要实现中华民族伟大复兴，我们绝对不能忽视高等教育的作用。在现在这个时代，我们比过去任何时候都更迫切需要高等教育的发展，更渴求卓越的人才与先进的科学知识。由于我国特有的历史、文化及国情，我们必须坚持走自己的高等教育发展道路，切实建设具有中国特色高等教育体系。省部共建地方高校，也正是我国特色高等教育的具体体现。

1.1.1 研究背景

1)加快高等教育发展,充分发挥地方高校的作用是新时期国家发展的重要战略

国家做出加快建设世界一流大学和一流学科（以下简称“双一流”）的战略决策，对提高我国教育发展水平、国家核心竞争力等方面具有至关截至 2019 年底，省部共建的地方高校（本书特指教育部参与共建的地方高校）共 81 所，覆盖了全国所有省区市（包括新疆生产建设兵团），这些高校均为地方所属的有特色、高水平大学，为国家、行业，特别是为地方经济社会发展做出了巨大贡献。但从整体上看，地方高等教育特别是中西部高等教育依然相对薄弱，促进我国高等教育协调发展的任务依然艰巨。占全国高校总数主体数量的地方高校，整体上呈现出鲜明的长尾形分布，办学基础好、办学水平高的地方高校偏少，这种态势不利于地方高等教育水平的提升，最终会延缓我国教育强国的进程。教育部与地方政府落实和推动共建工作的机制有待进一步完善，共建高校的改革发展仍然面临许多困难和问题，这需要坚持不懈地深入推进省部共建工作。下一步就如何继续更好地发挥省部共建地方高校的作用进行研究，使其为实现国家战略、服务行业和区域经济社会发展做出更大贡献具有重要的理论和现实价值。

1.1.2　现实障碍

省部共建地方高校工作从启动到全面开展以来，在促进我国高等教育体制改革、缩小东中西部地区的高等教育水平的差距等方面发挥了重要作用。但在省部共建地方高校工作实施的过程中，存在着一系列难题，有待我们从理论和实践两个层面进行认真研究与破解。

1)地方高校省部共建工作存在认知偏差

从有关工作开展的现状来看，省部共建地方高校工作主要存在两个方面的认知偏差：其一，省部共建地方高校政策导向的重大转移导致对省部共建地方高校政策内涵的认知偏差。缩小东中西部地区高等教育水平的差距，在中西部没有部委直属高校的地区与当地政府共建高校是省部共建地方高校政策的初始导向。然而，近些年来，一些东部地区的地方高校步入了省部共建地方高校的行列，共建范围不断扩展。这在一定程度上致使有关利益群体在对地方高校省部共建、省部共建高校等政策概念的认知方面出现了混淆的情况。目前，无论是教育部与地方政府合作共建的

“985 高校”“211 高校”，教育部和地方政府共建的部分综合实力较强的省属重点高校，教育部、省级政府、行业部门共建的重点行业特色高校，还是教育部之外的其他部级单位与省级政府重点共建的高校都自定义为省部共建地方高校，甚至有关部委在统计口径上也缺乏严格的标准。因此，地方高校省部共建的政策内涵有待进一步厘清和明确。

其二，“地方高校省部共建”的“名分”问题引发了共建高校的“身份认同”危机。对于地方高校来说，成为省部共建地方高校队伍的成员，就意味着成了“国家队”的一员，即“准部属”高校，可以拥有与教育部直属院校同级别的待遇，还是仅仅获得了一个新的发展平台和机制扶持？也就是说，“地方高校进入省部共建的行列到底意味着什么”这一问题一直令人困惑。目前的政策也较为模糊，有关部门并没有做出明确解读。一些地方高校成为省部共建高校后，立即把“省部共建”作为对外宣传的金字招牌，从而将自己与一般的地方高校明显区分开来。然而，现实的问题是，大众都对此感到十分困惑，与“985 高校”“211 高校”及“双一流”高校的清晰概念相比，省部共建地方高校就显得比较模糊。

2)地方高校省部共建主体的积极性差异明显

省部共建地方高校协议（意见）签订（印发）后，地方高校在相关工作中往往较为积极主动，而其他共建主体（部委、地方政府等）在工作开展中较为被动。尤其是一些经济较为落后地区的当地政府对当地高等教育的发展重视程度还不够，更有甚者，认为对高校的投入会拖累当地经济的发展。因此，部分省部共建主体事先承诺的教育投资迟迟不能到位、相互推卸责任等现象较为突出，这在很大程度上放缓了共建高校的发展步伐。同时，不同的地方高校省部共建之间的工作落实情况也很不一样。省部共建的地方高校真正走内涵式发展得还不够多，许多高校千方百计想挤进地方高校省部共建行列，旨在获得更多资金和政策支持，希望可以进入“国家队”：一部分地方高校甚至直接表明了希望被列为教育部直属院校；也有一部分地方高校认为成为省部共建高校是一件很光荣的事情，意味着能参加教育部直属院校的交流会，能近距离与中央部委直属院校的干部进行沟通、交流；还有部分地方高校甚至没有清晰的共建目标，就匆忙涌入了省部共建地方高校的热潮，盲目攀比，只求其名不求其实。可见，地方高校省部共建主体的积极性差异较大，省部共建工作中还存在“走过场”现象。

3)地方高校省部共建策略有待进一步完善

地方高校省部共建政策实施过程中，共建高校之间发展不平衡、共建主体工作积极性差异明显等问题较为突出。究其原因，主要是地方高校省部共建工作缺乏统一标准化的共建工作评价监控系统和绩效考核体系。大多数省部共建地方高校在开展相关工作时，各行其是，存在较大的随意性。在现有的地方高校省部共建制度的设计中，大多既没有明确的标准来衡量共建工作的实际产出与效果，也没有评优评级、奖惩办法，这在一定程度上导致了共建工作的松散。许多共建高校只关注共建协议（意见）签订（印发）这一环节，而忽视了后续共建工作的具体开展过程。然而，共建协议（意见）里所涉及的往往是偏向宏观的原则性条款，只有参与共建的各方主体一起商议并设计具体可行的共建项目与实施方案，共建工作才能真正获得实效，不然共建协议（意见）只能形同虚设。现行的地方高校省部共建体制既没有重视具体过程，也没有关注结果评价，同时还缺乏信息反馈机制，这些都致使共建效益明显不足。

1.2 研究意义

1.2.1 理论意义

第一，该研究立足非完全利益共同体合作博弈的视角，能够进一步扩大大学治理相关研究的范畴。大学治理的核心在于高校内部各个利益相关者之间的激励约束关系，以往我国大学治理研究更侧重行政权力与学术权力之间的配置关系，外部制度安排带来的内部治理机制变化研究相对薄弱。省部合作共建地方高校，是我国特有的大学治理领域的制度安排，这种合作打破了传统政府治理的区域和层级观念，强调权力或资源相互依赖、开放和区域合作。针对这种新的外部制度设计，本书很大程度上拓宽了大学治理的视野，从而丰富了大学治理的手段、方法和模式。

第二，该研究有利于重新审视政府职能部门与高等院校的关系，为行政管理领域研究提供了一个新的思路。作为公办高等院校，在教育主管部门的管理体系下，实施自主办学是现有通行的运营模式。立足省部共建的新运营模式，有效梳理政府指导、参与、监督、辅助高等教育的路径和方法，是具有显著理论意义的研究尝试。

第三，该研究有利于省部共建地方高校发展机制的不断完善。省部共建的地方高校在建设路径、发展方式及特色凝练等方面都面临新的机遇与挑战，因此如何利用省部共建的契机，促进地方高校内涵式发展，强化内在创新机制，推动高等教育发展研究具有突出的理论意义。

1.2.2 现实意义

第一，该研究有利于为国家“双一流”战略及实施思路的创新与拓展提供参考。国家“双一流”建设给地方高校带来了机遇，省部共建的地方高校如何通过共建来争创一流显得尤为重要。这类地方高校的发展，也将为国家“双一流”建设提供新的路径。

第二，该研究有利于促进地方高校特色发展，形成良好的特色发展路径。省部共建的地方高校都是具有鲜明特色的高校。目前，共建实施过程中还存在流于形式、力度不够的问题，通过对地方高校发展中的省部共建合作机制、发展路径等的研究，围绕当前地方高校省部共建工作中存在的相关问题，厘清省部共建各要素之间的关系，提出实用性的对策、办法，建立科学、高效、可持续的省部共建合作机制，将为这些高校的特色发展提供路径选择。

第三，该研究有利于省部共建的地方高校确立特色鲜明的人才培养模式，贯彻立德树人的大学根本任务。大学的根本使命在于立德树人，省部共建是地方高校人才培养的新模式，通过梳理省部共建地方高校人才培养的内在机理，将为省部共建下的高等院校培养出符合地区发展、行业发展、德才兼备的人才提供较强的支撑和保障。

1.3 文献综述

1.3.1 关于地方高校发展的研究

1)地方高校发展战略研究

地方高校应该有区别地选择适合自身发展的办学类型、办学层次和人才培养规格与规模，从而做出正确合理的发展战略规划和目标定位，①要特别强调“突出特色、立足地方”的发展理念。② 当前地方高校的发展面临着资源占有不足和社会服务能力较弱两大难题，因而地方高校要想实现跨越式发展必然要选择综合集成战略。③④ 地方高校只有通过综合资源、集成优势，才能形成具有现实竞争实力的联合体，才能跨越障碍、实现地方高校科学的可持续的发展。 地方高校发展的重要使命是立足区域经济的发展，致力科研和培育人才，带动区域特色文化构建。 地方高校的发展战略一定要遵循该使命，梳理发展思路，强化办学特色，致力应用研究和技术服务推广，突出强调应用实践型人才培养，增进面向国际的合作与交流，不断提高自身的科技创新、人才培养等方面的能力，在服务地方中争创一流。⑤

陈娟娟则从生态位的角度对地方高校的发展战略进行了研究，提出了生态位战略的资源互动与合作战略，包括外部生态因子的互动与合作和内

---

① 周应佳.关于地方高校发展的战略思考与实践[J].襄樊学院学报,2009(1):5-9.

② 李志义.地方高校发展的战略选择[J].大连理工大学学报(社会科学版),2008(3):1-3.

③ 杨林,李伟,李宏.综合集成战略:地方高校实现跨越式发展的现实选择[J].清华大学学报(哲学社会科学版),2009(6):70-74.

④ 杨林,李伟,李宏.我国地方高校发展战略研究[J].国家教育行政学院学报,2009(11):3-7.

⑤ 蒋华林.论地方高校的历史使命及其发展战略[J].国家教育行政学院学报,2009(9):70-73.

部生态因子的互动与合作。其中，外部生态因子的互动与合作包含与国际知名地方高校的交流和合作、与其他地方高校的战略联盟及与地方政府和企业的合作。[①] 内部生态因子的互动与合作包含创新人才培养模式、加强师资队伍建设、优化学科专业结构等方面。

2)地方高校服务区域经济社会发展研究

地方高校在推动区域经济发展方面应当发挥重要的支撑作用，地方政府应积极为地方高校与企业互动搭建平台，借助平台企业的力量来推动地方高校发展，更好实现地方高校服务区域经济的目标。[②③] 地方高校肩负着为区域经济社会发展提供人才和科技支撑、服务区域经济建设的重任，有关学者提出建议：应加大地方政府与社会对地方高校的支持力度和增强地方高校主动服务当地经济建设的认识。[④] 顺应社会生产、生活等方面的需要，高等教育才能形成和发展；立足区域，以特色发展为区域服务，并进一步提升社会服务能力，是区域社会发展和高校自身谋发展两者的共同需要。[⑤]

部分研究提出，为经济社会服务既是当代高校的重要使命与基础功能，也是高校生存和发展的前提条件。服务区域社会经济是一般地方高校发展的必然选择。[⑥] 知识经济时代将高等教育带向经济发展中心，对市场需求的精准判断影响着地方高校的生存发展，受市场调节的影响增大，地方高校要想在激烈的角逐中脱颖而出，关键在于：其如何在服务区域经

---

① 陈娟娟.地方高校可持续发展的生态位战略研究[D].武汉：武汉理工大学，2007.

② 程肇基.地方高校与区域经济共生发展的理论探索[J].教师教育研究，2013(5)：6-10.

③ 蒋立杰，李俊林.对地方高校与区域经济互动发展的思考[J].河北广播电视大学学报，2011(4)：45-46.

④ 张婕.地方高校与区域经济发展的关系及政策取向——对全国111所地方高校校长的问卷调查报告[J].国家教育行政学院学报，2007(7)：81-83.

⑤ 郑旭.地方高校以特色发展服务区域社会[J].辽宁教育研究，2007(10)：51-53.

⑥ 王立新.服务区域社会经济是地方高校的必然选择[J].中国高等教育，2007(17)：51-52，60.

济社会发展的过程中实现自身的可持续发展。① 地方高校一定要清晰界定自己的职能，明确发展的首要任务是努力拓展社会服务职能，不断深化社会服务的内容与范围，同时进一步完善相关体制机制。② 强化地方高校为社会服务的意识，就是强化吸收和掌握高校为社会服务的理念、理论、社会价值、成功经验乃至真理，变被动服务为主动适应服务，变单一职能服务为多职能服务。③

3)地方高校人才培养、特色发展、校地合作等研究

区域经济与地方高校人才培养定位有着密切的联系，地方高校人才培养的定位要适应区域产业结构和产业布局调整的需要，适时调整专业设置，培养多样化的人才，以满足区域经济增长对人才的需求。④ 地方高校要想走出困境，寻求大的发展，必须准确定位，办出特色，以贡献求支持，以特色求发展；地方高校在走特色化发展之路的过程中，要确立服务面向地方化、学科专业特色化、科技产业先导化、培养人才适用化的理念。⑤ 校地互动是地方高校发展的新思路，具体涉及 3 项基本职能，即科学研究、人才培养与服务社会；在校地互动的具体思路与措施里，实施的基础是政府主导，实施的关键是体制创新，实施的保障是机制创新，实施的重要载体是项目推动。⑥

4)地方高校发展定位研究

地方高校发展定位不准、缺乏个性和鲜有特色是影响其发展的重要因

---

① 姚春梅.特色凸显战略下地方高校“立地”服务的路径选择研究[J].黑龙江高教研究,2008(2):18-20.

② 王旭东.论地方高校社会服务职能的拓展[J].中国高教研究,2007(8):16-17.

③ 张正义.增强地方高校为社会服务的意识和能力[J].中国高等教育,2006(6):31-32.

④ 李彬.区域经济与地方高校人才培养定位[J].高等教育研究,2007(8):64-68.

⑤ 叶芃.论地方高校的特色化发展[J].中国高教研究,2003(3):38-39.

⑥ 顾永安.校地互动:地方高校科学发展的新思路[J].高等教育研究,2011(2):50-55.

素，应当根据社会要求、自身发展和历史积淀，从理论和行为两个层面明确其定位，特色化与应用型是地方高校的立校之本。① 有学者则以社会需求为视角，阐述如何调整地方高校发展的战略定位：地方高校在定位上，应当由政府导向型转为社会导向型。② 结合区域经济社会发展对地方高校的需求、学校所处的区位与办学优势及学校的办学历史与校园文化积淀，继而结合地方高校自身的办学条件、办学水平、办学特征及社会需要，确定经济转型时期地方高校的发展定位。③ 确定发展定位是地方高校可持续发展的关键，同时区域经济对地方高校的发展也会产生影响，故地方高校在进行发展定位时要树立为区域经济服务的理念。④ 找准定位是我国地方高校生存和发展的关键所在，而地方高校的发展定位又必须以其所在的经济区域为依托，并为之服务。⑤

1.3.2 关于地方高校管理体制机制的研究

1)地方高校管理体制研究

应望江指出，高等教育管理体制是指关于中央与地方、中央教育行政部门与其他业务部门、政府与高校在高等教育事业发展中有关管理职责、权限的基本规定，它包括中央与地方、政府与高校、高校与社会及政府各有关部门之间的各种纵横交错的关系。按照不同阶段，他从传统体制的形成、在恢复中调整、在探索中起步、在改革中完善等方面对高等教育管理体制的变化进行了论述。他特别提到，以共建、联合、合并、协作、划

---

① 郎群秀.地方高校发展定位的理论与实践思考[J].中国高教研究，2006(12)：49-51.

② 赵炳起.教育分层与地方高校的发展[J].教育评论，2007(1)：18-20.

③ 陈阳，王永刚.试论经济转型时期的地方高校发展定位[J].教育与职业，2014(14)：32-34.

④ 许华荣.区域经济视角下的地方高校发展定位重构[J].福建论坛，2007(10)：35-38.

⑤ 秦磊，杜静.区域经济视角下的地方高校发展定位[J].北方经济(学术版)，2006(7)：75-76.

转方式解决条块分割体制所带来的问题。共建是指中央部门与地方政府共同建设、共同管理高等学校的高等教育管理体制改革试验。它是淡化和改变高校单一的隶属关系、加强省级政府统筹、促进条块有机结合的有效机制和重要途径，也是我国在20世纪90年代中期着重推进的改革模式。教育部与无教育部直属高校的地方共建地方高校，是为了加强与地方政府的合作，促进高等教育的合理布局和协调发展，从而更好地为区域经济建设和社会发展服务，使教育部更好地在没有直属院校的省、自治区（兵团）开展共建地方高校工作。共建有关协议中明确了教育部与各地方政府所应承担的责任，主要是从有利于加快学校各项事业的改革发展出发，在政策、经费、规划指导、信息沟通、师资队伍及行政管理人员培训等方面给予学校更多的关注和支持。他还特别强调，梳理地方政府和高校、地方政府和中央政府、教育管理部门和业务部门这3对关系是我国高教体制改革的主要内容。①

政府作用的越位和缺位制约了地方高校的发展，在过去的计划经济时代，我国高教体制长期处于国家权力的高度集中与严格管控的状态，地方政府对上一级机关负责。因此要通过政策调整推动地方高校的制度建设，比如建立高等教育政策补偿机制、地方高校和地方经济社会发展相互促进机制等。② 今后高等教育政策调整必须遵循两个基本的指导思想：一是弥补激进式强制性制度变迁的局限，二是摆脱对传统高等教育管理方式的路径依赖。③ 杨润勇对影响地方高校发展的教育管理体制改革政策进行了回顾与分析，指出简政放权是高教体制政策改革的主线，自放权后，地方政府对地方高校的自主管理权力不断扩大，“两级管理、以省为主”的发展思路得以确立。④ 刘如赞等借鉴大都市圈与跨越式区域的经济发展模

---

① 应望江.中国高等教育改革与发展30年(1978～2008)[M].上海：上海财经大学出版社，2008：24-29.

② 周清明.地方高校和谐发展的问题与建议[J].中国高教研究，2009(7)：60-63.

③ 张应强，彭红玉.地方高校发展与高等教育政策调整[J].高等教育研究，2008(9)：7-15.

④ 杨润勇.影响地方高校发展的教育管理体制改革政策：回顾与分析[J].大学(学术版)，2010(12)：11-18.

式经验，针对高等教育管理提出了“四级办学，两级管理”的分层管理理念。① 张森探讨了行业特色型高校的管理体制变革问题，行业特色型大学为消除体制改革后办学经费缩减、学科特色减弱等弊端，逐渐谋求与行业重新建立联系，但这种重新建立的管理模式面临着共建乏力、部门管理僵化、行业办学垄断等弊病与风险。应该采取加强共建的制度保障建设，建立自主、自生的合作机制及开放行业资源等管理措施加以纠正与防范。②

2)地方高校与政府关系研究

要破解地方高校发展转型中的锁定效应与路径依赖。一方面，中央、地方政府要大力支持地方高校的转型发展：要为产学研教育提供法律法规保障，要为地方高校的转型发展提供财力支持，要强化省级统筹，真正实现完全意义上的简政放权。另一方面，地方高校要想实现成功转型，必须要加强自身能力的提高，打破传统的路径依赖的魔咒。③ 地方政府与地方院校结成战略联盟的动因是多方面的，对地方政府而言，源于更好地发挥政府作为、发展经济和促进社会进步等；对地方院校而言，源于教育适应社会发展要求、扩大资源来源和寻求环境支持等。④ 从政策博弈的视角来看地方高校发展的困境与战略选择，有 3 个利益主体在地方高校发展过程中发挥着重要作用，即地方高校、中央政府及地方政府；今后高等教育政策不应仅仅局限于对各种问题进行纠偏和矛盾修补，更重要的是要通过政策调整推动地方高校的制度建设。⑤ 从治理理论的视角来看，大学与政府

---

① 刘如赞，张兴．我国区域经济发展与高等教育宏观管理体制创新[J]．教育研究，2001(6)：38-40，48．

② 张森．行业特色型大学管理体制变革之思考[J]．江苏高教，2011(1)：39-42．

③ 丁奕．转型地方高校发展的路径依赖与锁定效应分析[J]．华中师范大学学报(人文社会科学版)，2014(6)：163-168．

④ 钟凯凯．地方政府与地方院校战略联盟：动因、特征与模式[J]．现代教育管理，2012(2)：20-24．

⑤ 郭丽君．地方高校发展的困境与战略选择——基于政策博弈的视角[J]．现代大学教育，2009(5)：102-106．

的关系，就是顶层设计的问题，①当然我国西部地区地方高校省部共建与政府的关系，更是如此。②

3)地方行业特色型高校共建体制研究

行业特色型高校的共建体制是我国高等教育体制改革的一种制度创新，在很大程度上促进了行业特色型高校转型发展；同时，体制改革过程中主要存在管理权限模糊、宏观制度陷阱等制度障碍，这在一定程度上遏制了行业特色型高校的发展。③ 共建是改革开放后我国高校管理体制的一次重大改革调整，对我国高等教育事业的发展影响深远，同时对我国行业特色型大学的跨越式发展起到了很大的促进作用，但由于共建过程中相关政策的缺位，一些行业特色型大学并未实现真正意义上的共建。同时政府应制定相关政策，建立健全相应保障机制，进一步完善共建体制，使行业特色型大学共建落到实处。④ 从社会资本的视角来看省部企共建行业划转院校的逻辑、价值与深化策略，行业划转院校的改革与发展面临社会资本稀缺的困境，表现为宏观制度改革导致行业关系网络疏离，管理权限转移使多元主体参与缺少有效整合机制，投资主体的易位使来自行业的支撑弱化、支持减少。⑤

1.3.3 关于地方高校治理机制的研究

“治理结构”(Governance)源自经济学，也称法人治理结构，主要指通过一系列的机制设计与运作，合理配置企业股东、经理人、董事会及其

---

① 高欢.治理理论视角下大学与政府关系研究[D].武汉:华中科技大学,2009.

② 刘琳琳.中国西部地区省部共建高校与政府关系研究——以治理理论为视角[D].呼和浩特:内蒙古大学,2010.

③ 李北群.行业特色型高校共建体制探析——以南京信息工程大学的局省共建为例[J].中国高教研究,2012(7):72-75.

④ 张文晋,张彦通.关于行业特色型大学共建体制的思考[J].高教探索,2010(4):15-18.

⑤ 高树仁.省部企共建行业划转院校:逻辑、价值与深化策略——基于社会资本的视角[J].现代教育管理,2015(4):56-60.

他相关的利益群体之间的权、责、利，同时形成较为有效的制衡关系，帮助公司更好、更快地实现目标。实质上，治理结构指的是一系列制度（或合约）设计，该制度（或合约）有助于协调组织中相关利益群体的权、责、利关系，旨在某种特定的安排下，达到组织价值最大化。20 世纪 90 年代初期，西方开始从治理角度研究大学问题。目前，治理理论在我国高等教育领域的研究已越来越引起人们的注意。针对本书所关注的内容和侧重点，概观已有文献，作者将已有文献划分为“谁来治理—治理主体”“怎么治理—治理模式”及“治理什么—治理内容”3 个方面。

1)立足利益相关视角的高校治理主体研究

在治理主体方面，理论上关注较多的就是教师、行政人员、校外人士与学生。

Brown 对高校决策进行了分类，研究了教师参与高校治理和高校绩效的关系。其研究发现，教师参与高校决策不一定负向影响高校绩效的提升，具体效果由决策的类型决定，如较高的教师学术事务参与度有助于高校绩效的提升，而较高的教师行政事务参与度不利于高校绩效的提升。① Cabriel E. Kaplan 提出，决策结果和权力的归属并没有太大的关系，行政治理体系和教师治理体系的目标、利益的矛盾并不突出，故提出高校绩效与高校治理结构不相关的结论。区别于前述研究更关注教师这一利益相关者，李福华基于利益相关者理论，对高校管理体制创新进行了研究，并且区分出 4 种类型的高校利益相关者：利益核心相关者、利益重要相关者、利益间接相关者、利益边缘相关者。只有考虑到利益相关者的共同治理，提高高校外部利益相关者对高校的监督力度，增强高校内部利益相关者的权力制衡力度，才能保障各个利益相关者的利益。②

综上所述，关于“谁来治理”这一主题，研究者们基于各自的视角进

① BROWEN J W O. Faculty participation in university governance and the effect on university performance[J]. Journal of Economic Behavior & Organization, 2001, 44(2): 129-143.

② 李福华. 大学治理的理论基础与组织架构[M]. 北京：教育科学出版社，2008.

行了较为深入的探讨。对于治理主体的认知，虽然在对哪些利益相关者应该参与治理的认识上存在一些差异，但“共同治理”模式的构想成为理论上的共有信念。但是，就研究的理论基础而言，组织理论和制度理论在研究中较少被利用，直接导致关于治理主体的认知缺乏必要的理论基础。

2)符合市场规律与教育属性本身的治理结构研究

身为现代大学制度基石的大学治理结构，无疑是大学制度设计的出发点。就大学治理结构的相关研究来看，Dearlove 阐述了评议会功能，指出评议会是一个做出学术决策的关键平台，然而，这并不是一个平等的机构，不能保证容纳所有的学者。Birnbaum 进一步指出，大学是由教师体系和行政体系组成的，由此推断保持上述两个体系的平衡是大学治理结构——理事会的重要功能。① Ehrenberg 审察了美国高校的董事会治理难题，研究了高校董事会成员的选拔方法与范围。

面对经济转型和激烈的市场竞争环境，中国的学者们先对美、德、英、法、日等发达国家的治理结构进行了分析，认为这些国家的高校在治理结构、管理模式上有较大区别，并将它们分成 3 种类型：一是由政府任命的校长责任制（以日本高校为代表）；二是体现校内各方压制的权力领导机构的校长责任制（以英法高校为代表）；三是在由高校外部利益集团组成的董事会领导之下的校长责任制（以美国高校为代表）。纵然这 3 种形式都是校长责任制，然而在校长的权力范围与性质，乃至校长的产生过程等方面是有较大差异的。许为民等运用层次分析法对柏林工业大学、剑桥大学、哈佛大学、东京大学、清华大学、复旦大学、浙江大学和西安交通大学这 8 所院校的治理结构进行了分析，详细对比了发达国家与我国大学的行政力量和学术力量的权衡关系。②

我国大学是以党委领导下的校长负责制治理结构为主，校长拥有对学

① BIRNBAUM R. The end of shared governance: looking ahead or looking back [J]. New Directions for Higher Education, 2004,2004(127):5-22.

② 许为民，陈霄峰，张国昌. 大学学术权力与行政权力的合理定位与协调——从剑桥大学现代化治理改革谈起[J]. 中共浙江省委党校学报，2013(1):82-87.

校行政、学术、教学等的决定权。在分析了国外治理结构后，我们认为，我国的高校首先必须摆脱政府的附属机构地位，形成独立的法人治理结构和法人地位。其次，我国高校可以参照企业、公司治理改革经验，引入与市场竞争相适应的治理机制来促进高等教育的发展。

3)高校治理模式及诱因研究

现有研究理论在探讨大学治理结构问题的同时，也在关注大学治理模式的归纳和总结，如表 1-1 所示。

表 1-1 高校治理模式及其诱因分析

序号	代表人物	诱因	模式分类
1	Clark(1983)	国家权力、学术力量及市场力量	官僚制协调、政治协调、市场协调和学术协调 4 种模式
2	Bauer et al.(1999)	权威(程序自治)与目的(实质自治)	洪堡模式、纽曼的自由主义模式、贝纳的社会主义模式和市场模式
3	Braun et al.(1999)	信念系统、实质理性和程序理性	共享模式(英国为代表)、寡头/科层模式(日本为代表)、顾客/市场模式(美国为代表)
4	McNay(1999)	政策控制与实践控制	共享模式、科层模式、法人模式和创业模式

资料来源:作者根据资料整理完成。

相关研究者除了侧重建立上述区别不同大学治理模式的理论框架之外，还通过案例研究及文献分析对具体一国的大学治理模式进行了针对性研究，特别是对美国高等教育的全球领先位置进行了细致的分析，力图归纳和总结具有普遍性的规律。时任哈佛大学艺术与科学学院院长、曾任哈佛大学代理校长的 Henry Rosovsky 指出了美国大学的优势。他提到 1987 年亚洲学者在《亚洲华尔街日报》上对世界大学做的排名，其中在世界排名前 10 的大学中，有 6 所来自美国。即使前 10 名的名单扩大到 20 名或 30 名，2/3 到 4/5 的顶尖大学还会在美国。

近年来这种情况也没有改变多少，2010 年上海交通大学所做的全球名校排行榜显示，前 10 名中 8 所来自美国，前 20 名中 17 所为美国大学，哈佛大学依然名列榜首。非美国的高校为剑桥大学、牛津大学和东京大学，分别位于第 5、第 10 和第 20 名，而且哈佛和最接近它的竞争对手伯克利的分数差距很大。那么，是什么造就了哈佛大学的主导地位？Rosovsky 给出的答案凸显了治理结构的重要性：统一的治理是美国大学凸显竞争优势的核心，最终由一个人负责，那就是校长。虽然像课程、招聘、任期和招生等教学任务委派给教员，但校长在新项目、预算、养老和长期规划等方面保持着权力，只对董事会负责。他指出了美国大学治理结构的 2 个显著特点：

第一，学术主席、院长、教务长等类似的高层和中层管理人员是任命的而不是选举的，他们可以被开除。这是至关重要的，因为学术选举往往导致领导力不足。哪个头脑正常的教授会投票给一位提倡削减他们部门的人当院长呢？

第二，相对独立的受托人同时为公立和私立学校服务，这为大学，哪怕是公立大学免受政治干预提供了保护。他总结出的最后一个因素是这个地理上辽阔的分散式的国家的地方骄傲。我们的许多最好的学校，公立的和私立的，都有明显的地方爱国主义。

但是最近的研究更确切地注意到，自治和竞争的有机结合使大学更富有成效，不是独立就足够了。如果不是在研究经费、教师、学生的有序竞争环境中，给大学很大的自主权就会有风险。自主权是用来追求目标的，而不是用来扩大由社会来衡量的大学产出的。如果没有和更富有成效、更有创新力或效率更高的项目对应的充分的自主权，大学之间的竞赛就无法开展。大学如果具备以下条件，就会更具竞争力和更自治：①不需要政府批准预算；②自主招生；③自主灵活定薪而不是建立在资历基础上；④内部控制招聘；⑤低内部抱团；⑥有自己的场地；⑦自主设置课程；⑧政府基金预算比例相对低；⑨相对高比例的竞争性科研经费。

对美国大学来说，第 6 个和第 7 个问题不存在，因为答案永远是肯定的。诺特和佩恩认为，对于大多数举措来说，如果一个大学的董事会成员是全国范围的，那么权力就会分散，制定规章制度的权力就会更小，这个大学的生产力和资源就会越好，控制越少的董事会越好。毫无疑问，自治、竞争、规模、历史环境、研究经费都是大学绩效的重要决定因素。许多其他国家也试图复制该系统的许多元素，比如集中支持研究、职称晋升、终身教授的独立的同行审查、教师竞争、挑出精英大学给予特殊待遇等等。但是没有一个国家能像美国一样，几乎完全垄断最优质的高等教育资源。那么这么快就让美国大学，尤其是哈佛成为一个引人注目的例子的创新点是什么呢？是什么促使它们快速地成为大学中的佼佼者？关键的创新点就是理事会的校友控制权，这就是 Rosovsky 和 Dewatripont 放在列表第一位的因素。在某种意义上讲，我们学校的受托人往往真正独立，他们能够避免政治和其他领域的干扰，他们通常能够独立于学院而观察到教师的利益。但事实上，不是所有的受托人都是独立的或都是感兴趣的观察家。这基于这样一个事实，至少在美国顶级商学院，作为董事会成员主体的校友，将拥有大学最高声誉的永久股份。虽然这方面曾有研究高等教育的文献指出，但和卓越教育的联系并没有被完全描述出来。

1.3.4 关于地方高校省部共建的研究

地方高校省部共建工作是一项具有中国特色的中央与地方共同支持地方高校发展的特殊的政策与制度安排，其他国家基本没有这种政策，因此，这方面的研究主要集中在国内。2004 年以来，有关地方高校省部共建的研究不断增多，研究的范围也在不断扩大。当前有关地方高校发展中的省部共建研究主要集中在以下几个方面：

1)地方高校省部共建的综合研究

目前对此进行论述的主要有 4 部著作。第一部是《省部共建高校战略发展研究》，该书主要从地方高校省部共建的建设背景、内涵、特征、定位、功能、作用、历史使命、对口支援模式、机制的研究发展前景、发展思路、协作机制研究，地方高校省部共建与区域经济社会发展的关系，地方高校省部共建的人才队伍建设、办学特色及其在区域高等教育和谐发展中的作用等方面进行了综合论述。① 第二部是《省部共建大学发展战略研究》，该书介绍和明确了中西部省部共建大学在创新型国家建设和区域发展中的重要地位和作用。同时从国家、社会和大学等几个维度提出支持省部共建大学的改革与发展的对策建议。② 第三部是《省部共建地方高校工作 10 周年纪念文集》③，该书从地方高校省部共建的角度论述了 40 余所地方高校省部共建的建设成绩及存在的不足之处，提出了今后的工作设想和工作思路。第四部是《行业划转院校省部共建模式研究》，该书论述了行业划转院校的历史沿革与现实思考，省部共建的发展历程与前景展望，战略价值与职能发挥，省部共建制度的实施效果评鉴，共建主体的系统演化分析，并提出了省部共建的对策建议。④

2)地方高校省部共建的体制机制研究

省部共建地方高校在体制方面加强了与政府及行业之间的联系，增加了共同合作的可能性，就行业的纵向而言，行业特色型共建高校是支撑、服务行业发展的一个重要环节；从区域发展的横向来看，行业共建高校是加快区域经济发展、促进区域综合指标全面快速进步的关键着力点。⑤ 目前地方高校省部共建工作的问题存在原因之一是共建体制上的障碍，主要是共建的地方高校与教育部直属高校因“身份”不同而有不同待遇，省部共建的措施有待进一步具体化。⑥

---

① 山西大学省部共建办公室，发展规划处，高等教育研究所. 省部共建高校战略发展研究[M]. 太原：山西教育出版社，2008.

② 邹晓东，陈劲. 省部共建大学发展战略研究[M]. 杭州：浙江大学出版社，2008.

③ 教育部省部共建工作研究中心，山西大学地方高等教育研究中心，山西大学高等教育研究所. 省部共建地方高校工作 10 周年纪念文集[M]. 太原：山西经济出版社，2015.

④ 高树仁. 行业划转院校省部共建模式研究[M]. 沈阳：辽宁人民出版社，2016.

⑤ 孙东东，郝达富，史文川，周景玉，程海波. 试论省部(局)共建中医药高校的协同合作关系[J]. 中国中医药现代远程教育，2014(8)：97-99.

⑥ 程志华. 突破体制瓶颈推进省部共建[N]. 中国教育报，2010-03-29(5).

3)省部共建的地方高校办学定位研究

曾海涛从管理、功能、目标、战略4个方面综合分析，总结了西部地方高校省部共建的定位，初步提出针对西部“省部共建”地方高校发展规划的若干对策和建议。① 任屹立探究了地方高校省部共建的服务定位，表明地方高校省部共建要成为促进区域社会发展的重要动力源，推动区域社会经济更好、更快发展。②

周倩分析了当前19所省部共建高校在发展中存在的问题，发现以下几方面是共性存在且待以解决的：定位不明晰，有趋同化现象；定位不全面，缺乏具体规划；定位不紧密，缺少共建特色。其认为，共建高校在办学定位方面要结合高校自身所在区域高等教育体系及区域经济社会发展中的战略地位和作用，发展目标匹配现实条件的问题、近期目标结合远期目标的问题，在此基础上科学定位。③

4)省部共建的地方高校发展战略的研究

于洪良总结了省部共建地方高校的发展特征，提出在遵守省部共建协议的前提下，还需要加强高校共建的主体意识和责任意识，同时以“办好一流地方高校”为宗旨，把握重点和方向，避免共建高校成为面子工程，最后还需要强化顶层设计，有计划地开展各项工作。④ 郭贵春指出，要强化特色战略思想的制定，引领省部共建地方高校更好的发展，在学科建设、人才培养、产学研合作等方面着力形成特色、培育特色和强化特色。⑤ 他还指出，要把省部共建地方高校建成引领区域高等

---

① 曾海涛.西部省部共建高校定位研究[D].杭州：浙江大学，2007.

② 任屹立.省部共建高校的服务定位：打造区域经济社会发展的核心动力源[J].兵团教育学院学报，2009(4)：54-56.

③ 周倩.省部共建高校办学定位中存在的问题和对策建议[J].现代教育科学，2012(11)：166-169.

④ 于洪良.新一轮高校省部共建：实践进展及未来走向[J].中国高教研究，2014(4)：38-43.

⑤ 郭贵春.强化省部共建高校特色的探索与实践[J].中国高等教育，2009(1)：42-44.

教育发展的高水平大学，就必须明确省部共建地方高校的战略地位，充分认识省部共建地方高校的战略特征，与此同时，积极探索高校共建的战略道路。①

5)地方高校省部共建的产学研合作研究

尹红在研究省部共建科技合作机制的过程中看到，省部科技共建是科技治理的一种新形式，是在科技管理领域的一种新探索、新实践；她提出要正确确立共建项目的“区域—国家”战略发展定位。设立竞争、淘汰机制，不断完善科技评估体系，加强共建项目的过程管理评估。② 构建多主体的共建网络，开展以企业为中心的科技共建，多方协商沟通。凌玲则针对地方高校省部共建产学研合作这一课题，围绕地方高校省部共建产学研合作研究现状，分析了省部共建对高校产学研的深远影响，重点探析了产学研合作中凸显的问题与解决方法。③

6)地方高校省部共建工作的其他相关研究

除了以上的相关研究，还有学者就人才培养、学科建设、办学特色、发展规划、发展对策等方面进行了研究。比如，蓝汉林从分析地方高校的省部共建工作的特点出发，阐述了省部共建地方高校人才培养的目标定位④；刘汉东等人则对省部共建模式下地方行业高校的人才培养提出了建议。⑤⑥ 许士荣等人则分析了省部共建地方高校的政策特点、矛盾、新趋

---

① 郭贵春. 把省部共建高校建成引领区域高等教育发展的高水平大学[J]. 中国高等教育，2012(9):11-13.

② 尹红. 我国“省部科技共建”合作机制研究[D]. 武汉：华中科技大学，2010.

③ 凌玲. 新形势下省部共建高校产学研合作机制探析[J]. 才智，2014(11):88.

④ 蓝汉林. 省部共建高校人才培养的定位及其思考[J]. 高等农业教育，2010(5):19-21.

⑤ 刘汉东，刘法贵，宋冬凌，等. 基于省部共建模式下地方行业高校人才培养的思考——以华北水利水电学院为例[J]. 中国电力教育，2011(17):33-39.

⑥ 张振伟，马建琴. 省部共建行业高校特色人才培养模式研究[J]. 华北水利水电学院(社科版)，2010(1):99-101.

势及地方高校省部共建工作的特征与前景。①② 孙秋柏等对省部共建地方高校的学科建设的路径选择提出了建议。③ 陈昌耀则对“共建”性地方高校的学科发展定位与实现途径进行了探讨。④ 武蓓对地方高校省部共建的办学特色路径选择和服务定位提出了自己的见解。⑤

1.3.5 文献述评

长期丰富的研究形成了一定的学术共识，也为后期研究提供了新的方向：

1)学界的共识在于省部共建是目前地方高校建设的重要制度创新

从当前地方高校及高校省部共建的现有研究来看，该方向的研究已经取得了一定的成果，为进一步深入研究奠定了基础。就学界共识而言，地方高校作为我国高等教育的重要组成部分，地方高校的省部共建要成为促进区域经济社会发展的重要动力源，推动区域社会经济更好、更快发展；要加强地方高校与中央部委的联系，获取有效的资源，明确自身发展的定位，确立发展战略与路径，探索发展模式，取得预期的发展绩效。

2)理论对于省部共建机理的分析不足,难以形成清晰的发展模式

当前省部共建研究更注重从教育体制改革的角度对地方高校省部共建的原因、困境和绩效进行分析，因此更多思考要不要进行省部共建，而对

---

① 许士荣.省部共建地方高校政策的特点、矛盾与新趋势[J].重庆高教研究,2016(2):30-37.

② 李兴国.省部共建地方高校特征分析及前景展望[J].重庆高教研究,2016(1):60-64.

③ 孙秋柏,金永龙,赵智博.省部共建高校学科建设的路径选择——以辽宁科技大学为例[J].中国冶金教育,2009(2):1-4.

④ 陈昌耀.“共建”性地方高校的学科发展定位与实现路径[J].山西财经大学学报(高等教育版),2008(3):30-32.

⑤ 武蓓.创建省部共建高校办学特色的路径选择——以南京审计学院建设特色大学为例[J].宿州教育学院学报,2016(2):75-76.

于省部共建能够带来什么样的结果，现实有没有达成目标则考虑得较少。对省部共建高校的协同运行机制进行的深度分析也较为缺乏。只有真正剖析并确立省、部、高校之间的共建机理，才能解释如何共建的问题。进一步而言，国内省部共建高校众多，对于是否存在较为典型的发展模式，为什么会形成这样的模式，其背后的制约因素是什么，目前研究还没有形成一致性的研究成果。

3)研究方法更多局限于定性的个案研究,缺乏对定量研究工具的应用

目前对省部共建的研究主要以定性个案的经验研究居多，鲜有定量的大样本分析。从现有的研究工具来看，现有研究主要通过逻辑推理进行制度构建，缺乏对新研究工具和范式的引入。鉴于省、部、高校之间存在不同目标导向，其共建过程既是一个复杂的博弈过程，又是一个机制设计的治理过程。

综上所述，以往研究充分肯定了省部共建对于我国高等教育的积极作用，也凸显出这项具有我国管理情境的特殊制度设计是一个值得深入分析的现实问题。本书正是立足我国地方高校省部共建的制度设计，力图构建这项制度设计的绩效评价体系，通过对建设差异的分析，总结和提炼省部共建的不同路径，解释现有省部共建存在问题的原因，并进而构建相应的治理机制，实现地方高校的内涵式发展，推动整个高等教育的发展水平，达成地方高校对区域发展和行业发展双向促进的作用。

1.4 研究方法

恰当的研究方法有助于对研究对象和问题做出更好的解释和说明。根据本书的研究对象和内容，本书拟采用的方法主要有以下 3 种：

1.4.1 文献分析

收集和分析相关文献，在对当前地方高校及地方高校省部共建的研究进展和研究成果进行整理的基础上，通过总结，归纳出最新的理论成果。通过学习和研究前人的成果，开阔视野，丰富知识，拓宽思维，并探寻前人研究中存在的不足或尚未研究的地方，为本书奠定研究基础。本书将在已有的资料基础上，结合地方高校省部共建不同时期的背景，以求获得全面、客观的结论。本书文献主要来自教育部省部共建工作研究中心、知网、省部共建地方高校工作研讨会上各学校提供的资料等。

1.4.2 案例解析

本书结合地方高校省部共建绩效的呈现方式，从面到点，着重分析学科绩效情况，并按照共建基础、办学定位、共建形式、共建力度 4 个维度 8 种类型分别对地方高校省部共建的实际共建效果与共建特征进行多案例的对比分析，以揭开省部共建的多样性举措对共建高校学科建设成效的具体影响，以对不同共建类型的地方高校后续共建工作的开展提供借鉴。本书将选取一部分省部共建的地方高校作为案例进行展示分析与考察，主要对这些共建高校近几年来省部共建所取得的成效、共建运行机制和发展路径进行案例展示，特别将围绕“凝练学校学科特色”“明确共建发展内外部治理机制”和“共建路径”等方面进行细致分析。明确共建高校办学特色的积极价值及后期发展的方向，以期能为其他地方高校，特别是不同类型的省部共建的地方高校的建设提供借鉴。

1.4.3 综合评价

本书采用 2012 年第三轮和 2017 年第四轮教育部学位中心的学科评估结果，结合共建高校入选“双一流”的情况，定量评估了省部共建高校这 5 年间（2012—2017 年）的学科发展情况。并根据评价数据，结合“过程”与“结果”2 个维度，综合考虑人才培养质量、科学研究水平和社会服务能力，把80所地方高校省部共建的学科绩效划分为8个层次，关注省部共建背后的内在能力提升。

1.5 研究的技术路线

地方高校省部共建工作开展10余年来，地方高校发展速度加快。然而，从全国范围内的教育发展状况来看，地方高等教育的发展还是相对薄弱，特别是中西部地区；教育部与地方政府落实和推进共建工作的机制还有待于完善，必须探索建立支持地方高校发展的新机制，构建省部共建地方高校合作的长效机制，坚持不懈地深入推进地方高校省部共建工作，才能更加有利于地方高等教育的可持续发展，进而推动我国高等教育的现代化进程。故本书研究的主要内容是我国地方高校省部共建工作的问题、现状、绩效、合作机制、成功经验、发展路径等，在此基础上，从机制创新与优化、对策探讨、政策建议等方面进行系统设计，为我国省部共建地方高校合作的良性运行与健康发展提供参考。具体的研究技术路线如图1-1所示。

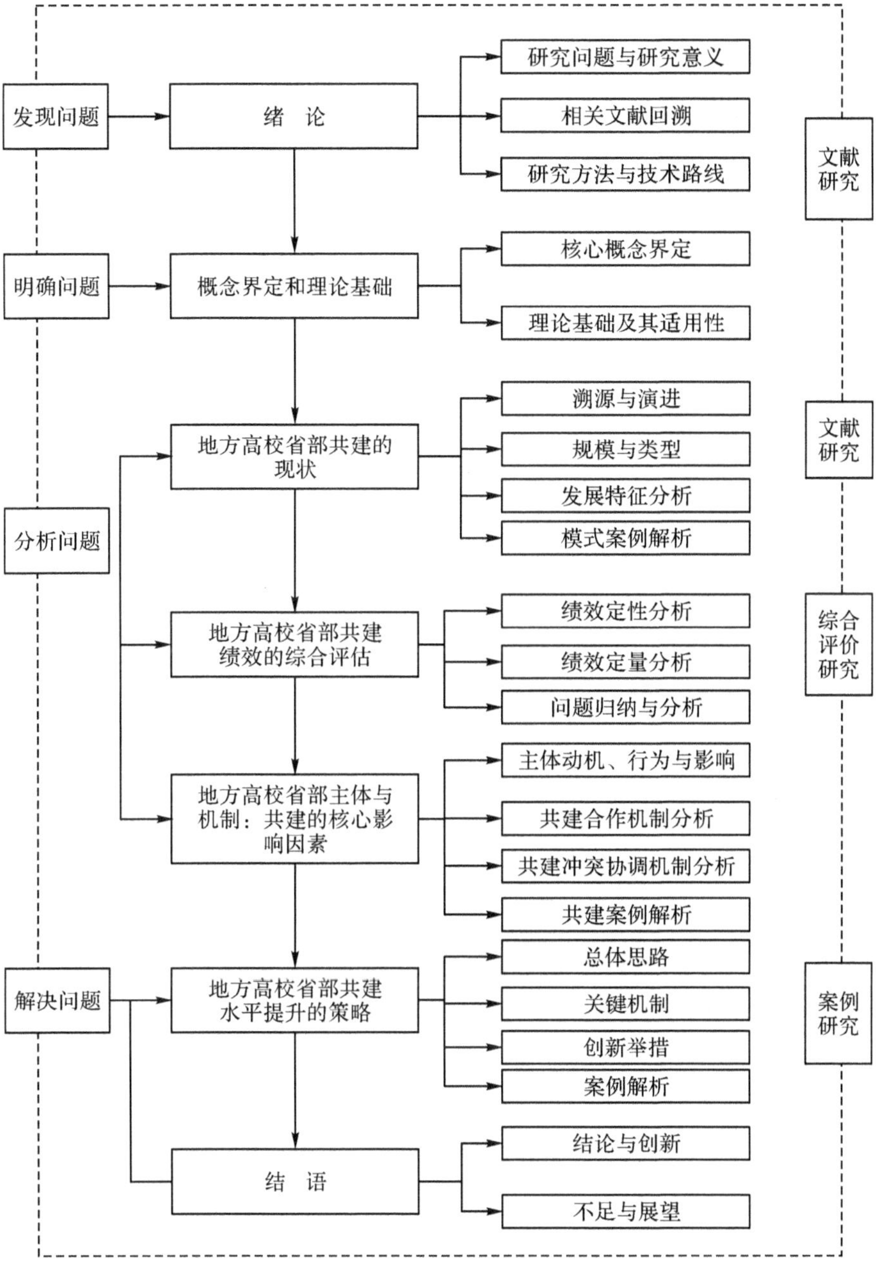
发现问题
绪 论
研究问题与研究意义
相关文献回溯
研究方法与技术路线
文献研究
明确问题
概念界定和理论基础
核心概念界定
理论基础及其适用性
分析问题
地方高校省部共建的现状
溯源与演进
规模与类型
发展特征分析
模式案例解析
文献研究
地方高校省部共建绩效的综合评估
绩效定性分析
绩效定量分析
问题归纳与分析
综合评价研究
地方高校省部主体与机制：共建的核心影响因素
主体动机、行为与影响
共建合作机制分析
共建冲突协调机制分析
共建案例解析
解决问题
地方高校省部共建水平提升的策略
总体思路
关键机制
创新举措
案例解析
案例研究
结 语
结论与创新
不足与展望

图 1-1 研究技术路线

第 2 章 概念界定和理论基础

2.1 核心概念界定

2.1.1 地方高校

潘懋元先生曾指出："地方高校包含两个方面的含义：第一，地方高校的发展路径一定要与区域经济的发展要求相匹配，为区域经济发展服务；第二，地方高校的管理权要为地方政府所有，地方政府的财政拨款为地方高校办学的主要及重要的资金来源。"①

张应强等②、杨润勇③、郑毓等④、周清明⑤认为，地方高校是指由地

① 霍刚.地方本科院校科技服务能力的评价研究[D].太原:太原科技大学,2010.

② 张应强,彭红玉.地方高校发展与高等教育政策调整[J].高等教育研究,2008(9):7-15.

③ 杨润勇.影响地方高校发展的教育管理体制改革政策:回顾与分析[J].大学(学术版),2010(12):11-18.

④ 郑毓,袁彦鹏.高等教育依附理论透视下的地方高校发展路径初探[J].长春工业大学学报(高教研究版),2011(1):23-25.

⑤ 周清明.地方高校和谐发展的问题与建议[J].中国高教研究,2009(7):60-63.

方政府投资、主管的高等学校。陈蓉蓉等认为，地方高校，一般指省属或地市所属的教学型高校。① 丁奕提出，根据学校所属部门，可将我国的高校分为部属高校和地方高校。其中，地方高校是由地方财政负担的高等院校，该类高校隶属于某个地方，主要由地方负责管理。② 杨林等同样认为，地方高校是指由各级地方政府作为教育举办者的普通本科院校。③ 蒋华林进一步提出，地方高校不管是行政隶属还是办学经费等都来源于学校所在地，与此相对应，有关学校的生源、就业等也都主要在地方。④

本书所指的地方高校，是指以地方政府管理、投资为主的高等学校，包括原由地方政府主管、投资的高校，也包括高等教育管理体制改革时由中央行业部委所属下放到地方，并以地方管理为主的高校。

2.1.2　省部共建的地方高校

为全面实施科教兴国战略和人才强国战略，配合国家西部大开发和中部崛起，缩短中西部高等教育发展的差距，促进高等教育的合理布局和协调发展，2004 年，教育部经过认真、慎重的论证和研究，决定在教育部没有直属高校的省区市各自共建一所地方高校。2004 年 2 月，河南省人民政府与教育部签署了共建郑州大学的协议，这标志着地方高校省部共建工作正式拉开帷幕。此后，有关高校的共建协议陆续签署。

本书所指的省部共建地方高校是从 2004 年共建郑州大学开始，教育部参与共建的地方高校，也就是截至 2019 年底，教育部参与共建的 81 所地方高校。

---

① 陈蓉蓉，林雷．地方高校服务区域经济社会发展研究综述[J]．经济师，2009(4)：121-123.

② 丁奕．转型地方高校发展的路径依赖与锁定效应分析[J]．华中师范大学学报(人文社会科学版)，2014(6)：163-168.

③ 杨林，李伟，李宏．我国地方高校发展战略研究[J]．国家教育行政学院学报，2009(11)：3-7.

④ 蒋华林．论地方高校的历史使命及其发展战略[J]．国家教育行政学院学报，2009(9)：70-73.

2.1.3 地方高校省部共建绩效

研究组织的目的都是提高组织的绩效。“绩效”一词在管理学领域被广泛应用，大多数是“performance”一词的译文。单从字面看，“绩效”是绩和效的组合。“绩”通常指成绩、业绩，包括目标达成和职责履行度2个方面。“效”主要指效率、效果。在组织评估语境中，“performance”和“绩效”通常泛指某种表现或性能，或者具体指业绩、效果、效率等管理概念。在研究和实践应用中，绩效的概念界定的差异性主要体现为学科的差异。以管理学领域为例，绩效是个体和组织期望的结果，是组织为实现其目标而展现在不同层面上的有效输出，包括个人绩效和组织绩效2个方面。在管理学领域，绩效包括成绩、成效和效率等多层含义，而且因具体应用管理领域的不同而不同。

目前在管理学领域，对绩效的内涵界定有3种基本观点，即“结果论”“行为论”和“行为结果论”。“结果论”普遍将绩效的内涵界定为结果，这里的结果泛指一个对象的目标实现、活动产出、生产力、工作业绩等多种形式。“结果论”一般将绩效视为评价对象的活动所达到的目标、产生的结果、取得的成绩等。然而“结果论”的绩效定义基本上都指向评价对象一定阶段的活动所创造和导致的东西，无论其名称是什么，而且在时间上一般是活动结束或一个阶段之后。绩效“结果论”的优势在于，结果在一定程度上比较易于集中观察和衡量，也比较适合采用定量方法进行衡量。值得注意的是，绩效“结果论”不等同于定量结果评价。因为绩效结果的形式和性质多种多样，既包括定量结果，比如标准化测试和指标评价结果，也包括定性方式展示的绩效表现。

“行为论”在批评“绩效即结果”的观点的基础上，提出“绩效是行为”的观点，强调行为和过程所体现的绩效。Compbell认为，“绩效是行为，应该和结果区别开来”，因为结果可能受到系统因素的干扰，所以其将绩效定义为“与组织目标相关的行为，而且该行为对组织目标的贡献程度能够被观察和衡量”①。“行为论”认为，绩效是与组织目标相关的、已经发生的并且能够按照一定方法和标准被观察和衡量的实际行动本身，而不是结果。“行为论”在强调个体或组织的行为、过程、关系所体现的绩效的同时，也关注结果。绩效“行为论”的优势在于其对绩效的评价更加全面，而其不足之处在于行为比较抽象，比较难以被直接、具体地观察，借助的间接评价方式和工具通常有较大局限性。

从管理学的视角，组织绩效一般被视为组织为实现既定目标而采取的行为，体现在从个体、团队、机构到系统等不同层次的、可衡量的结果。组织绩效的实现一般建立在个体绩效和团队绩效实现的基础上，但是个体绩效和团队绩效的实现一定导致组织绩效。综上，组织绩效是指组织在某一时期内任务完成的数量、质量、效率及盈利情况，主要可以从过程、结果及过程与结果的结合 3 个维度进行界定。

王莉华认为，大学组织绩效的内涵从结果、行为及行为结果 3 种视角进行定义都有其特定的目的和意义。大学组织绩效是一所大学在某一时期内开展的所有活动和取得的相应产出的规模、效率、质量及影响。该定义中的结果效率在一定程度上从侧面反映了大学组织活动的过程。这里的效率主要是狭义上的一所大学在一定时期内的投入产出比，投入通常指人力、物力、财力等，而产出通常指具体活动、任务、目标在数量和质量上的完成情况。从外部定量评价的可行性角度来看，大学组织绩效的内涵界定虽然认同“行为结果论”，但是具体的内涵界定偏重结果。②

地方高校省部共建绩效，主要是指省部共建协议（意见）签订（印发）前后一个时期内，省部共建的地方高校在人才培养、科学研究、社会服务等方面所取得的综合成效。

① CAMPBELL J P. Modeling the performance prediction problem in industrial and organizational psychology[M]//DUMRETTE M D, HAUGH L M(Eds.) Handbook of industrial and organizational psychology, Palo Alto: Consulting Psychologists Press, 1990:687-732.

② 王莉华. 我国研究型大学组织绩效评价理论和方法研究[M]. 杭州：浙江大学出版社，2018.

2.1.4 地方高校省部共建机制

“机制”原本是指自然现象里的某一种物质运动的规律，如今，“机制”被广泛运用在社会科学中，主要指某种复杂的管理系统或者是工作系统与系统之间的有机组合及互相作用而产生的一种运行规律。①

地方高校省部共建机制也就是在省部（地方政府、国家部委）伙伴合作关系下，各个组成部分（地方政府有关部门、部委有关司局、地方高校）彼此间相互联系，分工合作、协调耦合，从而形成特定功能实现既定目标的一种运行规则和方式。地方高校省部共建工作需明确省、部（局）、地方高校三方（多方）责、权、利关系，建立并完善相关协商、沟通、共享等机制。

2.2 理论基础及其适用性

2.2.1 非完全利益共同体合作博弈理论及其适用性分析

1)非完全共同利益群体②的合作模式

非完全共同利益群体中，主要存在 3 种合作模式，具体如图 2-1 所示：一是串联式合作，具体指拥有不同资源组织间的合作模式；二是并联式合作，即从事同一个活动的规模经营的合作方式；三是混合式合作，也就是在串联合作过程中又包含并联式合作。不同合作模式的利益分配机制与联盟管理机制也是不同的。

---

① 山西大学省部共建办公室，发展规划处，高等教育研究所. 省部共建高校战略发展研究[M]. 太原：山西教育出版社，2008.

② 非完全共同利益群体的概念主要参考了：张朋柱，等. 合作博弈理论与应用——非完全共同利益群体合作管理[M]. 上海：上海交通大学出版社，2006. 该书从组织一般性的角度分析了合作博弈问题，指出合作博弈的群体是有共同利益的，但又不是完全相同的，也就是“求同存异”，因此称为非完全利益共同体。

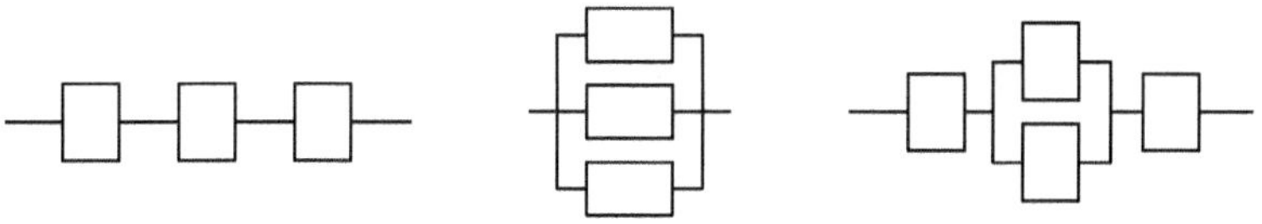

图 2-1　合作模式

值得一提的是，拥有公共目标是非完全共同利益群体得以达成合作的基石，寻找公共目标是该联盟运行的前提条件。（因本书第 5 章具体结合省部共建系统，对共建主体的公共目标的识别过程进行具体详细的论述，故在此不再赘述）

2)非完全共同利益群体的合作形成机制

非完全共同利益群体的合作形成机制有 3 种，具体如下：

（1）理性机制。每个成员参加合作的必要前提是每个成员参与合作获得的收益至少要大于或等于由于参与合作而发生的直接收益损失，这一必要机制就是理性机制。在合作过程中，任何一种破坏合作的行为都会损害合作群体的共同利益，因而要想取得更大的利益，只能真诚地参与合作。简言之，理性机制是群体达成合作的基础。

（2）效用转移机制。因个体在经济实力等方面的差异，故每个群体内的成员对参加合作的预期收益也是不一样的。一旦拥有较低的预期收益的成员不能获得合理的利益补偿，合作关系便岌岌可危。显而易见地，效用转移机制可以充分发挥约束与激励两个方面的作用。在非完全共同利益群体合作的过程中，利益补偿机制是必需的，参与合作的各方可以通过该机制取得合理的收益，这实际上是群体合作实践的本质，也就是达成“多赢”的局面。

（3）协商机制。要想实现非完全共同利益群体各方之间的有效合作，一份合作各方都认同的且有一定约束力的协议是至关重要的。而只有合作成员之间进行有效的协商，才能形成这份具有约束力的协议。参与合作的各个成员可以通过有效协商形成一个利益平衡机制，即拥有较高收益的成员愿意在其他方面做出一定的利益让步，从而保障暂时获益相对较少的成员能够从长久稳定的合作中获得相应的补偿。换句话说，从长久来看，在一种稳定的经济合作中，所有参与合作的成员都能获得相对公平的利益。

进一步来看上述 3 种机制的互动关系，如何解决利益分配问题是非完全共同利益群体合作得以实现的关键，利益分配方案既要满足联盟合理性，又要与群体理性条件和个体理性条件相匹配。因此，在群体合作过程中，上述 3 种机制的作用都是不可或缺的，它们形成了一个合力来共同作用并推动组织合作的实现。如图 2-2 所示，理性机制促使利益互补的群体有形成联盟的可能性；当各个群体都有合作意愿时，效用转移机制在设计利益分配方案过程中发挥着指导性作用，即在合作中获益较少的群体能够从获益较多的群体处得到一些利益补偿；在满足激励约束和参与约束的条件下，参与合作的各方需要进行有效协商来达成一个合理公平的利益均衡机制。在上述 3 种机制的共同运行下，各个独立的个体才得以形成合作联盟，在合作过程中，促使自身的利益最大化，实现“双赢”或“多赢”。

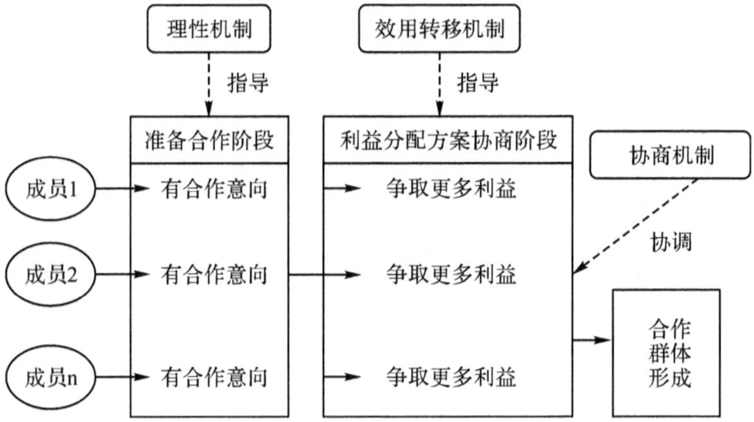

图 2-2　3 种机制作用图

3)非完全共同利益群体合作冲突的分类

由于合作群体是非完全共同利益群体，合作过程中冲突的出现是在所难免的。有效地防止冲突产生或者最大限度地降低冲突给合作带来的影响，是探寻合作之道的另一面。笔者认同将非完全共同利益群体合作过程中的冲突分为 5 类的观点①，并以此为分析的基点，为下文分析省部共建高校主体之间的合作与冲突奠基。

（1）愿景和使命冲突。这种冲突主要表现在非完全共同利益群体中的成员存在价值观方面的本质差异，因而各自对合作的发展愿景与战略使命持有不同的观点。一般来说，愿景和使命的冲突是不可协调的，这是许多重要工作需要人类合作去做而无法做到的根本原因。

（2）路径冲突。路径冲突主要指群体成员有共同的愿景与使命，但就选择哪条战略路径去完成使命的问题出现了较大的分歧。在地方高校省部共建的发展路径选择上可能也会出现类似的冲突。不同的路径可能严重影响群体成员的未来战略收益，协调一致也是非常困难的。

（3）目标冲突。目标冲突主要指群体成员有共同的愿景与使命，在战略路径选择上达成一致，而在具体要实现哪些目标、实现这些目标的顺序及各个目标实现的程度等方面有不一样的要求。群体成员未来收益和竞争地位会受到不同目标选择的影响。

（4）过程冲突。过程冲突具体指群体成员对如何达成共同目标持有不一致的观点。过程冲突主要是群体成员的习惯偏好、能力及经验的差异造成的，这就需要进行全面的论证与商榷，设计最优的合作方案，从而形成一致的观点。然而，也有不少的过程冲突是因为个别成员仅仅考虑自身的利益，坚持对自身有利的合作行为。在这个时候，群体成员应该要仔细研讨群体成员在不同过程中的利益得失，同时采取有效的管理措施来应对。

（5）规章和程序冲突。规章和程序冲突具体指在合作过程中，群体成员对于指导具体实际操作的规章和程序设定有各自不同的习惯与认知。该冲突可能是成员之间不同的工作经验和知识技能造成的，群体成员进行知识学习与共享能够有效缓解该冲突；也有可能是由于一些群体成员为了多占便宜而处心积虑地违背规则，这就需要群体成员互相加强监督，未雨绸缪。

---

① 张朋柱，叶红心，薛耀文，等. 合作博弈理论与应用——非完全共同利益群体合作管理[M]. 上海：上海交通大学出版社，2006.

4)非完全利益共同体合作博弈理论的适用性分析

根据资源依赖理论，组织在生存发展的过程中需要依赖其周围的环境，从而吸取资源，实现发展目标。立足组织资源依赖理论，无论是地方高校，还是省级政府、教育部，或是行业部委（企业）在发展的过程中都不可能拥有其所需要的一切资源，因此，地方高校、省级政府、教育部及行业部委（企业）都需要向外界寻求实现组织战略发展的资源。

事实上，经过十余年的地方高校省部共建工作的开展，一个完整的省部共建系统中，各个共建主体一定是基于某种契约而达成了合作关系，这必然是一个成熟的运作机制，但是这种合作关系不一定是最优状态。各个共建主体在合作过程中有各自的利益诉求与目标，属于非完全共同利益群体，冲突是在所难免的。若不能有效化解冲突，一旦冲突恶化，共建各方的利益都会受到损失。在合作过程中，只要有任何一个共建主体出现过度自利或者不作为的行为，都可能会对区域经济社会发展、行业发展乃至我国高等教育的整体发展造成负面影响。相关共建主体之间需要探索有效的合作策略，在未来的一段时期，共建主体之间在合作过程中必然会建立有效的规避冲突、解决冲突的机制，达成一种高效能的合作关系。

因此，立足非完全利益共同体合作博弈的理论视角，探究省部共建主体之间的合作与冲突机理是合理可行的。

2.2.2 治理理论及其适用性分析

1)治理的定义

治理理论的创始人之一詹姆斯·N.罗西瑙提出，治理是在一定范围内的活动运行机制，并且这些活动会受到共同指标的指引，而政府不一定是活动的主体，也不需要依靠强制力来实现治理。与此同时，治理不仅包含政府层面的正式制度，还有非正式的制度。① 也有学者指出，“治理”可

① 詹姆斯·N.罗西瑙.没有政府统治的治理[M].南昌:江西人民出版社,2001.

以被视为一种新的管理过程，其认为“治理”包括 6 种类型，即新公共管理的治理、社会—控制体系的治理、善治的治理、最小国家管理活动的治理、作为公司管理的治理和作为自组织网络的治理。随后，作为治理理论研究领域权威专家之一的格里·斯托克归纳了以往治理理论的相关观点，并提出了 5 个核心观点：第一，治理行为不限于政府行为；第二，治理在一定程度上表现了管理在界限和责任方面的模糊性；第三，治理理论认为在各个组织之间存在权利依赖行为；第四，治理会使得参与治理的主体形成自组织网络；第五，治理行为可以利用政府权力也可以动用新的技术和工具。①

综上所述，我们认为，1995 年由全球治理委员会对“治理”所下的定义比较精确且具有权威性。它指出：治理是“协调相互冲突的或不同的利益主体采取联合行动的持续过程”，因此治理过程既包含正式的规则和制度，又包括一些非正式的制度安排。② 根据以上定义，治理有 3 个特点：一是治理强调的是一个持续的过程，它不单单是一系列活动和规则的总和；二是治理强调协调为主而非控制；三是治理是一种双向互动的持续。

2)治理的主要特征

不同于传统管理方式的一元管理，治理更多地体现了多元、民主、法治、协同的管理思想。③ 具体而言，治理具有以下 3 个方面的特征：

其一，治理主体的多元化。虽然学者们在治理内涵的理解方面存在差异，但是就“治理主体的多元化”这一观点达成了共识。这意味着政府已经不再是管理的唯一主体，其他组织如市场化组织、第三方机构及公民社会组织等只要权力得到了公众的认可，也能成为治理主体，成为政府治理的有益补充。同时，治理主体的多元化也意味着政府对社会管理的单

① 格里·斯托克，华夏风. 作为理论的治理：五个论点[J]. 国际社会科学杂志(中文版)，1999(1)：19.

② 全球治理委员会. 我们的全球伙伴关系[M]. 伦敦：牛津大学出版社，1995.

③ 孙曙光. 治理理论视阈下我国公立大学内部制度研究[D]. 长春：吉林大学，2018.

向责任转为政府与市场、社会组织的共同责任。

其二，治理过程的协同化。显然，多主体的治理是一个以共同参与、协调来进行互动的过程。毫无疑问，随着当代社会的多元化，权力、利益相关者也构成了多中心结构，因此，政府仅仅是其中一个治理主体而非唯一。作为其中的任何一个治理主体，都不可能凭借自己的力量单独解决所有的问题，各个主体间应互相依赖，通过进行谈判、协调等来解决共同的问题。因此，在各个治理主体实现共同目标的过程中，共同参与和有效的协商机制是基础。

其三，治理规则的法治化。法治是当代社会重要的管理方式，它贯穿于治理活动的每一环节中。如果缺乏相关法律规范与制度机制的基础，治理的每一环节可能会发生不可控的情况。因此，法治是治理的前提，没有法治就没有很好的治理。① 治理强调以法治手段把政府的行为方式固定下来，把政府和市场、社会组织之间的权利和义务规范起来，从而通过法律手段保证政府的规范运行，形成有效监督，进而使治理主体之间形成具有公开性、普遍性、制度性的行为规则。

3)治理理论的适用性分析

地方高校省部共建的关键在于顶层机制的设计，这就是大学治理（University Governance）的范畴。大学治理已然成为当前高等教育改革的核心内容之一，其目的在于充分发挥激励与约束机制的功能，推动大学内外部利益相关者的积极合作。中国高等教育在经过跨越式发展后，无论是在规模上还是在学科建设水平上都有了较大的提升，但是由于大学内部行政力量膨胀，教师、学生与校方之间的冲突日益凸显，如何通过有效的制度安排解决高校内部的行政权力与学术权力等其他利益相关者之间的激励相容等问题②，就成为大学治理被高度重视的重要原因；如何通过有

---

① 教育部省部共建工作研究中心，山西大学地方高等教育研究中心，山西大学高等教育研究所. 省部共建地方高校工作 10 周年纪念文集[M]. 太原：山西经济出版社，2015.

② 李维安，王世权. 大学治理[M]. 北京：机械工业出版社，2013.

效的治理机制权衡大学内部多元利益主体的价值诉求，就成为大学治理亟待解决的关键问题。

省部共建机制的设计在很大程度上是优化教育资源配置，该举措的推进和升级，很大程度上给予了不同层次、不同区位大学发展所需要的外部资源。中国公办大学当前的突出问题集中表现在大学内部行政权力与学术权力之间的协调发展上，如“学术团体行政化”“行政团体学术化”等大学过度行政化导致学术伦理“沦陷”，因此迫切需要建立现代大学制度。[①] 但是这种制度的建立必然通过试点探索、制度构建、全面推进、法制确立等阶段性、累积性的改革创新才能最终完成，其是一种典型的“诱导式制度变迁”过程，政府可以通过干部任免及财政约束等方式，推进并保障改革的进程，同时尽可能规避改革风险。

① 李维安，王世权．大学治理[M]．北京：机械工业出版社，2013．

第 3 章 地方高校省部共建的现状

3.1 地方高校省部共建的溯源与演进

3.1.1 地方高校省部共建兴起的背景

1)高校共建体制的不断拓展

“共建”是 20 世纪 90 年代我国高等教育管理体制改革过程中涌现出来的、打破高校管理单一隶属关系的一项颇具创造性和重要性的教改实践。“共建”指的是“共同投资、共同管理”。“共建”具体是指中央政府和地方政府针对某一所大学共同出资、共同建设和管理、共享建设成果,以推进大学的发展,同时为地方经济建设做出贡献。① 广东省政府率先开创了共建高校试点先河,其在 1992 年最早提出“共建”概念。1992 年底,原国家教委与广东省政府签署了共建华南理工大学和中山大学的协

① 王亚杰.共建互动共赢——特色型大学与区域经济社会发展的互动机制初探[J].北京教育(高教版),2009(2):21-24.

议，广东省政府在政策及资金上对这两所大学予以支持，这两所共建高校为了能更好地参与并推动广东省经济社会的发展，对其服务面向做了相应的调整。1993 年发布的《中国教育改革和发展纲要》明确提出：“之所以进行高等教育体制改革，主要是为了解决高等学校与政府、地方与中央、中央业务部门与国家教委之间的关系，逐步创建并完善政府宏观管理，学校面向社会自主招生的体制。”该纲要成了我国共建高校体制形成的纲领性文件，为共建高校提供了政策支持。1994 年，在上海召开的全国高等教育体制改革座谈会上，原国家教委在推动高教体制改革的具体操作路径与若干共识等方面达成了一致的意见，其中一条关键意见是：“积极推进中央部门与地方政府共同建设、共同管理高等学校的改革试验”，简称“共建”。在 1995 年 7 月，国务院办公厅转发的《国家教委关于深化高等教育体制改革的若干意见》中，“共建”作为高等教育领域的新名词正式以文件的形式被提出，而后，各种形式的高校共建工作纷纷展开。

1995 年以后，原国家教委陆续就全国高教体制改革事项在各地召开了多次座谈会。这个时期，中央部委属高校是共建的主要对象，其中著名的建设工程当属 1995 年实施的“211 工程”和 1999 年启动的“985 工程”。一方面，“211 工程”“985 工程”的落实促进了共建工作的开展；另一方面，共建工作也为“211 工程”“985 工程”的实施注入了主要的活力。

2)国家重大战略的协同驱动

21 世纪以来，随着不同区域的经济不平衡、发展不协调等问题越来越突出，国家陆续出台了有关西部大开发、东部地区率先发展、振兴东北老工业基地、促进中部地区崛起等政策，这些政策逐渐成为国家发展战略。西部大开发，加快中西部地区发展，是我国实现现代化的重要组成部分。在西部地区，对高等学校予以支持，扩大东、中部地区高校在西部地区的招生规模，加大东部地区学校对口支援西部贫困地区学校的规模。国家把优先发展教育作为基础性、战略性任务来抓，继续在资金投入和政策措施上给予倾斜，支持西部地区高等教育发展；充分发挥东北地区高等教育丰富的资源，提高高校的办学水平和层次；等等。这些国家战略，均对高等教育发展和高水平大学建设提出了明确要求。在各项重大战略的推动下，省部共建地方高校的重要性也愈加突出、可行。

3.1.2 地方高校省部共建演进过程的阶段划分

1)探索期(2004—2010年)

早期的“省部重点共建”制度基于效率优先的价值取向，“211工程”和“985工程”等共建政策的实施有效推动了我国高水平大学的建设步伐。然而，早期的共建体制相对忽视了高校发展的公平价值取向，导致了高校之间及区域之间的发展不均衡等问题凸显，特别是中西部地区高等教育发展与东部地区相差甚远。20世纪90年代，中央部委直属高校再度“瘦身”，教育部也表示不会再增设“985工程”及“211工程”项目高校，在这种情况下，那些高等教育资源贫乏的省份极力渴望教育部门能够均衡高等教育的资源，促进高等教育发展，以带动区域经济社会发展，弥补经济欠发达地区高等教育的短板。

于是，在21世纪初我国高等教育资源布局不均衡的客观现实和中西部省份渴望发展区域高等教育以带动区域经济社会发展的主观需求的推动下，教育部经过论证和研究，决定于2004年起以中西部地区13个没有中央部委直属高校的省（自治区）为主，选择一些有着悠久历史、鲜明特色及学科优势和发展潜力的地方高校，与地方政府协作共建一所地方高水平大学，形成一批省部共建大学。① 2004年2月，河南省政府与教育部就共建郑州大学签署了协议，揭开了“地方高校省部共建”的序幕。

截至2010年12月底，教育部与省级政府共建了22所地方高校（详见表3-1），其中有4所高校因为其位于革命老区或者少数民族地区而进入省部共建行列，分别是井冈山大学、湘潭大学、延安大学和延边大学。总体来看，该阶段共建的高校主要呈现三大基本特征：第一，以“211工程”重点建设的高校和省（自治区、新疆生产建设兵团）重点建设的高校

① 高文兵.省部共建高校定位与发展战略思考[J].中国高等教育,2007(13):24-26.

居多。教育部如此选择和布局与省部共建政策实施的初衷紧密契合，一方面是考虑这些高校大多具有较好的发展和积淀、悠久的办学历史、鲜明的地域特色、较强的办学实力及重要的区域地位，另一方面是为了充分发挥地方高校省部共建对区域高等教育发展的领头作用，以及对区域经济社会发展的支撑作用。第二，该阶段的地方高校省部共建覆盖了 19 个省、自治区，以及新疆生产建设兵团，已经实现了中西部地区的每个省区市至少有 1 所省部共建地方高校的布局规划。在面向中西部地区高校共建布点相对全面之后，地方高校省部共建对象突破了中西部地区范围的限制，进一步延伸到东部沿海经济发达省份，例如，海南大学和浙江工业大学陆续步入了地方高校省部共建的行列。第三，在这个阶段共建的高校以综合型大学为主，22 所高校中除了浙江工业大学与西北师范大学外，剩余的 20 所高校全为综合型高校。

表 3-1　2004—2010 年省部共建地方高校名单

序号	学校	共建时间	共建主体	院校类型
1	郑州大学	2004 年 2 月 23 日	教育部、河南省人民政府	综合
2	新疆大学	2004 年 3 月 9 日	教育部、新疆维吾尔自治区人民政府	综合
3	云南大学	2004 年 3 月 11 日	教育部、云南省人民政府	综合
4	广西大学	2004 年 3 月 18 日	教育部、广西壮族自治区人民政府	综合
5	内蒙古大学	2004 年 3 月 24 日	教育部、内蒙古自治区人民政府	综合
6	石河子大学	2004 年 5 月 24 日	教育部、新疆生产建设兵团	综合
7	西藏大学	2004 年 9 月 3 日	教育部、西藏自治区人民政府	综合
8	宁夏大学	2004 年 11 月 3 日	教育部、宁夏回族自治区人民政府	综合
9	青海大学	2004 年 11 月 24 日	教育部、青海省人民政府	综合
10	南昌大学	2004 年 12 月 3 日	教育部、江西省人民政府	综合
11	贵州大学	2004 年 12 月 23 日	教育部、贵州省人民政府	综合
12	山西大学	2005 年 5 月 13 日	教育部、山西省人民政府	综合
13	延安大学	2005 年 6 月 9 日	教育部、陕西省人民政府	综合
14	延边大学	2005 年 9 月 7 日	教育部、吉林省人民政府	综合
15	河北大学	2005 年 11 月 10 日	教育部、河北省人民政府	综合
16	湘潭大学	2005 年 12 月 12 日	教育部、湖南省人民政府	综合

续 表

序号	学校	共建时间	共建主体	院校类型
17	井冈山大学	2007 年 10 月 19 日	教育部、江西省人民政府	综合
18	海南大学	2007 年 11 月 21 日	教育部、海南省人民政府	综合
19	河南大学	2008 年 10 月 17 日	教育部、河南省人民政府	综合
20	西北师范大学	2009 年 3 月 16 日	教育部、甘肃省人民政府	师范
21	西北大学	2009 年 3 月 21 日	教育部、陕西省人民政府	综合
22	浙江工业大学	2009 年 6 月 8 日	教育部、浙江省人民政府	理工

随着地方高校省部共建工作的持续推进，地方高校省部共建工作也渐入组织化、规范化、实效化的良好运行状态。首先，完善了领导机制。在地方高校省部共建工作的管理方面，明确了由教育部直属高校工作办公室（原教育部直属高校工作司）负责管理，并且成立了由教育部直属高校工作办公室直接领导的“教育部省部共建工作研究中心”。该中心挂靠于山西大学，主要负责中心的日常运行与管理等工作。2007 年 10 月，在教育部直属高校工作司的建议要求下，地方政府纷纷设立了省部共建工作领导小组，帮助省部共建地方高校更好地完成建设目标。① 其次，在设置领导小组的基础上设立了会议机制。每年召开的地方高校省部共建工作研讨会（见图 3-1）由教育部直属高校工作办公室和教育部省部共建工作研究中心主导。每年度参加该会议的人员都围绕当下高等教育热点、重点问题展开交流。最后，共建工作也取得一些实质性的效果，获得了教育部及地方政府在资金、政策上的大力支持。事实证明，共建成果卓有成效，省部共建地方高校在学科和师资队伍建设、人才培养、科学研究及社会服务等各方面都得到了较大的发展。

2）扩展期（2011—2017 年）

随着我国高等教育改革的深入，地方高校省部共建政策于 2010 年后迈入了扩展期。《国家中长期教育改革和发展规划纲要（2010—2020 年）》

---

① 许士荣.省部共建地方高校政策的特点、矛盾与新趋势[J].重庆高教研究，2016(2):30-37.

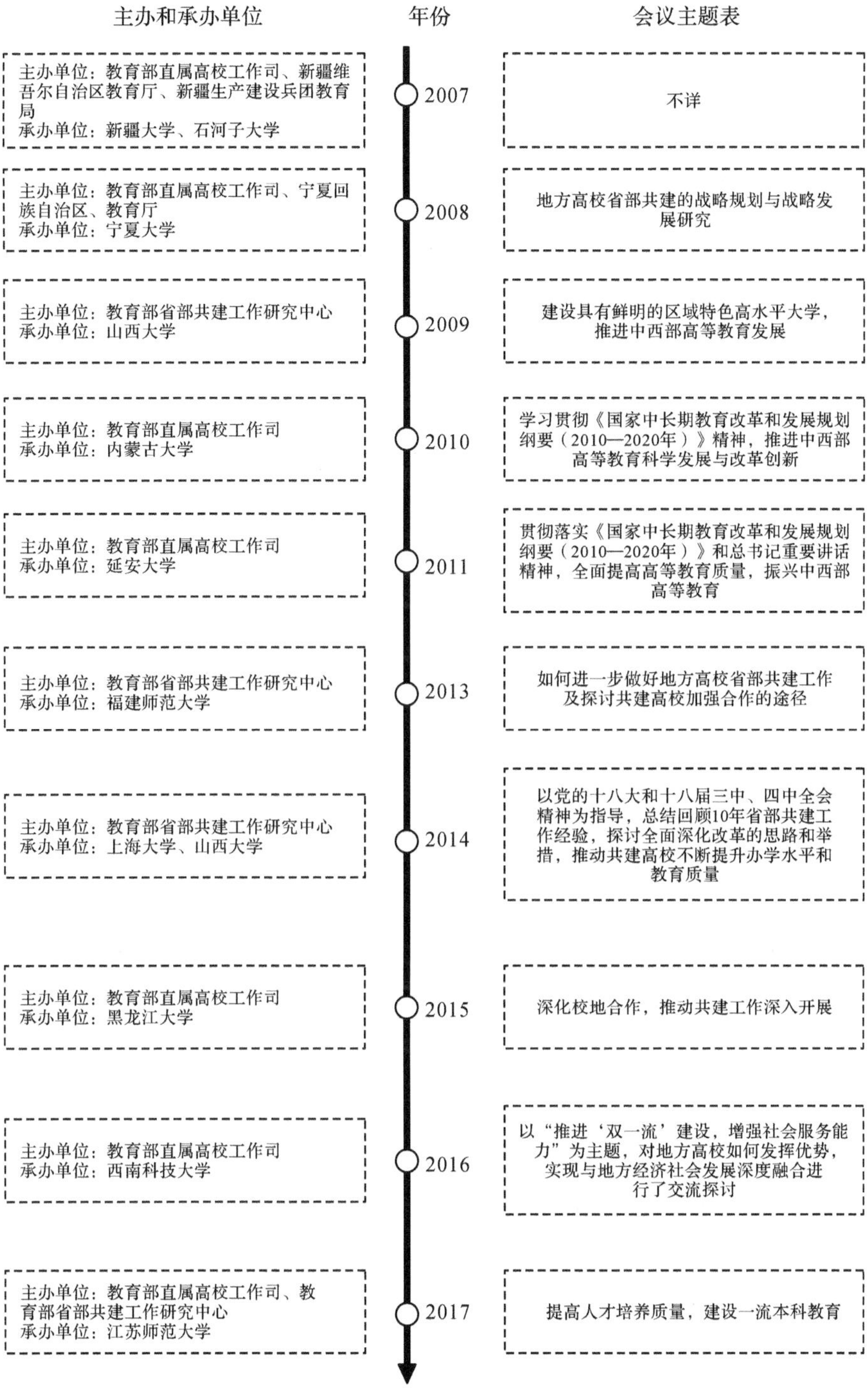

图 3-1　近年来教育部地方高校省部共建工作研讨会召开概况

资料来源：作者根据政府及相关学校网站和现有文献归纳整理（2018 年、2019 年未举办）。

（以下简称《纲要》）于 2010 年发布，该《纲要》指出高校建设方面的重点是应该加大社会合作；2013 年发布的《中西部高等教育振兴计划（2012—2020 年）》（以下简称《计划》）强调为了增强区域行业发展的服务能力，必须要统筹部署好各项政策，整合好各方资源，积极推动高校共建体制化改革，最大限度地提升地方高校的办学水平。该《计划》再次强调了地方高校省部共建工作要联合多方力量，以促进地方高校省部共建更好更快地发展。为了全面落实上述《纲要》和《计划》，中央和国务院相关部委于 2011—2017 年期间大力支持并积极推进教育部、地方政府及有关行业部委（社会组织等）共同参与高校共建工作，地方高校省部共建工作持续升温并形成了一轮崭新的共建局面。

处于扩展期的地方高校省部共建工作呈现出共建协议签署的密度大、节奏快、效率高的显著特征，签署的省部共建地方高校合计为 58 所（省部共建地方高校的具体名单如表 3-2 所示）。在该阶段，地方高校省部共建政策作为一项重要的战略举措，形成了共建主体多元化、类型结构更优化、空间布局均衡化的共建工作新格局。首先，从共建主体来看，参与共建的主体趋于多样化。这种新型的共建形式可以追溯至 2011 年 8 月 30 日，南京审计学院（现南京审计大学）的共建协议由教育部、财政部、审计署和江苏省人民政府共同签订，该协议的签订可以称为“省部共建”新形式的开端。这一时期省部共建的 58 所地方高校中，根据不同的共建主体又可以分为几大类：由教育部和省级政府双方共建的高校数量达到了 27 所，占整个共建数量的 46.55%；其余的均为省部部共建。这些高校中，有三方共建主体的高校数量达到了 29 所，四方共建主体的高校数量为 1 所，武汉科技大学共建主体方最多，达到了 8 个。社会各方参与高校共建工作的浓郁氛围有利于促进资源的整合与共享，有利于充分发挥共建高校建设“好大学”的积极性，使共建高校更好更快地发展。以山东财经大学为例，自 2012 年 8 月成为教育部、财政部、山东省人民政府共建高校后，学校凭借共建的平台，获得了参加教育部直属高校咨询工作委员会会议、中外大学校长论坛等活动的机会，得以把握高等教育发展的实时动态并提高了对外交流的层次；同时，学校还获得了财政部的专项经费支持，承担了多项财政部科研项目。① 如今，省部部共建已经成为山东财经大学的重要“标识”，为学校的发展营造了有利的外部环境。其次，从共建高校的专业角度来看，省部共建的对象由综合性院校向行业特色型院校转变，优化了地方高校省部共建的类型结构。扩展期共建的 58 所高校的类型更加丰富化，行业特色型院校共 48 所，占了 82.76%。其中，师范类 16 所，医药类 14 所，理工类 8 所，财经类 5 所，艺术类 2 所，民族类、农业类、政法类各 1 所。2013 年 3 月 13 日，在北京电影学院共建仪式上，时任国家教育部副部长杜玉波先生发表主题演讲，他认为共建高等学校是整合各方资源、有效推进高校改革发展的重要举措。② 由此可见，未来地方高校省部共建的重点对象将是具有鲜明特色的行业型地方高校。最后，从共建高校的空间布局来看，该阶段共建的高校覆盖了剩余的 13 个省区市，省部共建实现了省域全覆盖，且省部共建的重心由中西部地区向东部地区转移。该阶段共建的 58 所高校中，东部地区有 35 所，占 60.34%，其余中部地区有 11 所，西部地区有 12 所。大量东部地区高校的加入使得地方高校省部共建淡化了身上的“扶贫”色彩。总的来看，扩展期的地方高校省部共建工作从“扶弱、扶特”向“扶强、扶优”拓展。

表 3-2　2011—2017 年省部共建地方高校名单

序号	学校	共建时间	共建主体	院校类型
1	南京审计学院	2011 年 8 月 30 日	教育部、财政部、审计署、江苏省人民政府	财经
2	天津职业技术师范大学	2012 年 3 月 7 日	教育部、天津市人民政府	师范
3	东北财经大学	2012 年 4 月 27 日	教育部、财政部、辽宁省人民政府	财经
4	江西财经大学	2012 年 5 月 15 日	教育部、财政部、江西省人民政府	财经

① 于洪良.新一轮高校省部共建:实践进展及未来走向[J].中国高教研究,2014(4):38-43.

② 北京电影学院.教育部、国家广电总局、北京市人民政府三家共建北京电影学院座谈会召开[EB/OL].(2013-03-13)[2015-05-16].http://www.bfa.edu.cnnews2013-03/13/content_59177.htm.

续 表

序号	学校	共建时间	共建主体	院校类型
5	南京信息工程大学	2012 年 6 月 15 日	教育部、国家气象局、江苏省人民政府	理工
6	汕头大学	2012 年 6 月 29 日	教育部、广东省人民政府、李嘉诚基金会	综合
7	山东财经大学	2012 年 8 月 23 日	教育部、财政部、山东省人民政府	财经
8	宁波大学	2012 年 10 月 8 日	教育部、浙江省人民政府、宁波市人民政府	综合
9	福州大学	2012 年 10 月 14 日	教育部、福建省人民政府	综合
10	西南政法大学	2012 年 10 月 24 日	教育部、重庆市人民政府	政法
11	江西师范大学	2012 年 10 月 30 日	教育部、江西省人民政府	师范
12	福建师范大学	2012 年 11 月 24 日	教育部、福建省人民政府	师范
13	黑龙江大学	2012 年 11 月 28 日	教育部、黑龙江省人民政府	综合
14	北京电影学院	2013 年 3 月 13 日	教育部、国家广电总局、北京市人民政府	艺术
15	上海大学	2013 年 4 月 18 日	教育部、上海市人民政府	综合
16	江西理工大学	2013 年 6 月 20 日	教育部、工业和信息化部、江西省人民政府	理工
17	湖北大学	2013 年 7 月 18 日	教育部、湖北省人民政府	综合
18	安徽大学	2013 年 7 月 19 日	教育部、安徽省人民政府	综合
19	西南科技大学	2013 年 8 月 7 日	教育部、四川省人民政府	理工
20	武汉科技大学	2013 年 11 月 14 日	教育部、宝钢集团有限公司、鞍钢集团公司、武汉钢铁(集团)公司、首钢总公司、中国冶金科工集团有限公司、中国中钢集团公司、湖北省人民政府	理工
21	云南师范大学	2013 年 12 月 9 日	教育部、云南省人民政府	师范
22	安徽师范大学	2013 年 12 月 9 日	教育部、安徽省人民政府	师范
23	山东师范大学	2014 年 3 月 25 日	教育部、山东省人民政府	师范
24	济南大学	2014 年 3 月 31 日	教育部、山东省人民政府	综合
25	首都师范大学	2014 年 4 月 4 日	教育部、北京市人民政府	师范
26	江苏师范大学	2014 年 9 月 12 日	教育部、江苏省人民政府	师范
27	河北工业大学	2014 年 11 月 26 日	教育部、河北省人民政府	理工

续　表

序号	学校	共建时间	共建主体	院校类型
28	河北师范大学	2014 年 11 月 26 日	教育部、河北省人民政府	师范
29	燕山大学	2014 年 11 月 26 日	教育部、工业和信息化部、河北省人民政府	综合
30	沈阳航空航天大学	2014 年 12 月 5 日	教育部、中航工业集团公司、辽宁省人民政府	理工
31	华南师范大学	2015 年 5 月 6 日	教育部、广东省人民政府	师范
32	广西师范大学	2015 年 7 月 9 日	教育部、广西壮族自治区人民政府	师范
33	石家庄铁道大学	2015 年 7 月 28 日	教育部、国家铁路局、河北省人民政府	理工
34	贵州师范大学	2015 年 7 月 30 日	教育部、贵州省人民政府	师范
35	云南民族大学	2015 年 8 月 6 日	教育部、国家民委、云南省人民政府	民族
36	河南师范大学	2015 年 8 月 13 日	教育部、河南省人民政府	师范
37	南京师范大学	2015 年 8 月 26 日	教育部、江苏省人民政府	师范
38	伊犁师范学院	2015 年 8 月 26 日	教育部、新疆维吾尔自治区人民政府	师范
39	河北农业大学	2015 年 8 月 31 日	教育部、河北省人民政府	农业
40	安徽医科大学	2015 年 9 月 2 日	教育部、国家卫生计生委、安徽省人民政府	医药
41	扬州大学	2015 年 9 月 21 日	教育部、江苏省人民政府	综合
42	南京医科大学	2015 年 9 月 21 日	教育部、国家卫生计生委、江苏省人民政府	医药
43	温州医科大学	2015 年 9 月 26 日	教育部、国家卫生计生委、浙江省人民政府	医药
44	天津医科大学	2015 年 10 月 20 日	教育部、国家卫生计生委、天津市人民政府	医药
45	哈尔滨医科大学	2015 年 10 月 24 日	教育部、国家卫生计生委、黑龙江省人民政府	医药
46	重庆医科大学	2015 年 11 月 5 日	教育部、国家卫生计生委、重庆市人民政府	医药
47	浙江工商大学	2015 年 11 月 26 日	教育部、商务部、浙江省人民政府	财经
48	海南师范大学	2015 年 12 月 8 日	教育部、海南省人民政府	师范
49	中国医科大学	2015 年 12 月 11 日	教育部、国家卫生计生委、辽宁省人民政府	医药

续 表

序号	学校	共建时间	共建主体	院校类型
50	首都医科大学	2015 年 12 月 12 日	教育部、国家卫生计生委、北京市人民政府	医药
51	中国美术学院	2016 年 1 月 18 日	教育部、文化部、浙江省人民政府	艺术
52	南方医科大学	2016 年 2 月 6 日	教育部、国家卫生计生委、广东省人民政府	医药
53	河北医科大学	2016 年 7 月 8 日	教育部、国家卫生计生委、河北省人民政府	医药
54	宁夏医科大学	2016 年 8 月 17 日	教育部、国家卫生计生委、宁夏回族自治区人民政府	医药
55	新疆医科大学	2016 年 8 月 24 日	教育部、国家卫生计生委、新疆维吾尔自治区人民政府	医药
56	兰州理工大学	2017 年 6 月 7 日	教育部、国防科工局、甘肃省人民政府	理工
57	内蒙古医科大学	2017 年 9 月 28 日	教育部、国家卫生计生委、内蒙古自治区人民政府	医药
58	浙江中医药大学	2017 年 9 月 29 日	教育部、国家中医药局、浙江省人民政府	医药

3)深化期(2017 年至今)

我国地方高校省部共建工作经过长达近 7 年的扩展期，如今已经进入了深化期。《关于公布世界一流和一流学科建设高校及建设学科名单的通知》由教育部、国家发展改革委、财政部在 2017 年 9 月发布，该通知的主要内容是确认了世界一流大学和一流学科建设高校和建设学科的名单。云南大学、新疆大学、郑州大学等 3 所省部共建地方高校迈入了世界一流大学建设高校的行列，宁夏大学、青海大学、西藏大学等 23 所省部共建地方高校成为一流学科建设高校（入选“双一流”的省部共建地方高校名单详见表 3-3）。习近平总书记在 2017 年 10 月党的十九大报告中明确指出要加快一流大学和一流学科建设，实现高等教育内涵式发展。显而易见，我国高等教育已经进入改革发展新时代，也对地方高校省部共建工作提出了更高的要求。“建设教育强国，是中华民族伟大复兴的基础工程”，省部共建地方高校作为我国高等教育事业发展的一支重要力量，在优先发展教育事业大政方针中，地方高校省部共建工作如何做时势所需的“小棉袄”？如何更大程度地调动各方资源协同共建？如何充分发挥省部共建地方高校的力量以带动我国高等教育事业的发展，实现教育强国的建设目标？以上问题是地方高校省部共建工作处于深化时期应当着力探索的问题。

表 3-3　省部共建地方高校入选“双一流”情况表

序号	“双一流”高校分类	学校
1	一流大学 B 类	郑州大学
2		新疆大学
3		云南大学
4	一流学科建设高校	广西大学
5		内蒙古大学
6		石河子大学
7		西藏大学
8		宁夏大学
9		青海大学
10		南昌大学
11		贵州大学
12		延边大学
13		海南大学
14		河南大学
15		西北大学
16		南京信息工程大学
17		宁波大学
18		福州大学
19		上海大学
20		安徽大学
21		首都师范大学
22		河北工业大学

续 表

序号	“双一流”高校分类	学校
23	一流学科建设高校	华南师范大学
24		南京师范大学
25		天津医科大学
26		中国美术学院

在深化期，地方高校省部共建工作除了保持省部共建地方高校队伍的扩大外（2018 年 12 月 25 日，西安建筑科技大学成为教育部、住房和城乡建设部、陕西省人民政府共建高校；由于共建时间较短，该高校暂未列入本书对象中），也在紧密跟随国家“双一流”高教战略的步伐，积极探索实现内涵式发展的道路。同时，随着共建工作不断深入，为破解优质高等教育资源区域分布不平衡、中西部高等教育发展不充分的难题，部分共建高校的共建形式得到了升级，由现有的“省部共建”升级为“以部为主、部省合建”。教育部于 2018 年 2 月 24 日召开支持和提升中西部高等教育发展座谈会，启动了部省合建工作，对没有教育部直属高校的中西部 14 个省（自治区、新疆生产建设兵团），采取部省合建新模式各支持 1 所高校发展。

中西部 14 所高校由现有的“省部共建”高校升级为“部省合建”高校后，将能够得到更多的专项经费，这有助于缩短它们与中央部属高校的差距。近年来，部省合建工作突出合建重点、完善合建机制、优化合建方式、放大合建效应，教育部、地方政府、合建高校、对口合作高校四方联动的合建机制基本形成，直属高校、合建高校协同发展的新格局初步显现。部省合建工作取得了积极进展：

一是建机制，着力优化顶层设计。部省合建是对我国高等教育管理体制的重大改革创新。合建工作启动后，教育部与各省（自治区）政府和兵团签署合建协议，明确总体思路、目标任务和基本路径，确立了“同等对待”“多方支持”的精神内涵，搭建了部省合建总体框架。2018 年 8 月，教育部召开部省合建工作推进会，为合建高校量身定制了“一校一策”合建工作手册，细化部、省、校各方责任及当前重点建设任务，为合建工作开好头、起好步和纵深推进提供了明确指引。按照合建协议和工作手册，教育部内各司局积极推动有关举措落地生效；地方政府陆续出台了支持合建高校加快发展的指导意见或实施方案，持续强化资金、政策支持。

二是瞄产业，着力提升服务能力。教育部领导亲自带领有关方面，与相关省政府领导和学校负责人逐省逐校沟通，达成共识，编制完成了 14 所学校、30 个学科、四大类产业的优势学科对接地方主导特色产业建设方案，增强合建高校服务地方发展的思想自觉和行动自觉。教育部领导先后 4 次分类型分片区主持召开座谈会，会同地方产业主管部门、重点企业、合建高校、对口合作高校负责同志和学科专家，共同研究合建高校优势学科群，支持地方能源化工产业、文化旅游产业、农业生态产业有关事项，推进产教融合、校企合作，引导合建高校在服务地方经济社会发展过程中提升综合实力。按照有关要求，教育部组织了 6 所对口合作高校的 40 名专家赴青海、宁夏、新疆及新疆生产建设兵团的 6 家企业开展实地调研，了解地方盐湖化工和煤化工产业发展现状，梳理制约发展的“卡脖子”问题，掌握合建高校和企业建设需求，深入推进校企合作、产教融合。

三是强学科，着力明确发展思路。明确合建高校学科建设面向新一轮“双一流”评审的主要奋斗目标：学科群中已经是一流建设学科的要进一步巩固深化建设成果和地位；基础较好、近期有可能实现突破的学科要努力争创一流学科；目前基础相对较弱的学科，也要力争接近一流水平。教育部帮助找准学科定位、厘清办学思路、解决实际问题，指导学校推进“双一流”建设，引导合建高校在全国高等教育大格局中差异化发展，在区域经济社会发展的大格局中率先发展。各合建高校抢抓部省合建历史机遇，利用合建平台加强与部内各司局沟通，将学科建设融入国家战略和区域发展主战场，提升优势特色学科的引领力和带动力，使合建高校在区域高等教育中的排头兵作用更加凸显。

四是建平台，着力对接重大战略。教育部组织各合建高校立足现有学科基础、挖掘区域资源优势、对接地方产业需求，按照“需求导向、错位发展、共建共享、协同创新”的原则，编制了优势特色学科大型系列研究设施（人文社科研究平台）建设方案，并安排专家逐校进行了论证，引导合建高校以平台建设为突破口凝聚高层次人才，开展高水平研究，推动以优势特色学科为核心的学科集群尽快形成，对接国家战略和区域发展需求；印发了《关于加强部省合建中央专项经费管理的通知》，引导合建高校集中合建财力、集聚合建队伍，重点推进大型系列研究设施建设。总体上看，目前各校形成的优势特色学科大型系列研究设施建设方案，思路相对清晰，内容较为明确，措施基本可行，计划比较合理，具有一定的科学性、操作性和前瞻性，为推进下一步工作奠定了良好基础。

五是搭桥梁，着力推动协同发展。为帮助支持合建高校加快“双一流”建设、推进产学研协同创新，教育部在分析研究各校合作意向、学科特点、“对口支援西部地区高等学校计划”，并与有关合建高校沟通的基础上，安排部署 37 所教育部直属高校与合建高校开展对口合作。教育部连续 2 年组织 7 个调研组分赴 14 所合建高校实地调研，研究提出支持合建高校改革发展、推进学科建设的对策建议，帮助合建高校明确发展思路、凝练办学特色、找准服务面向。37 所对口合作高校把落实部省合建当成一项政治任务，围绕“帮弱项、帮短板、帮重点、帮特色”，因地制宜、因校制宜寻求合作切入点，“多帮一”“一帮多”的格局初步形成，合力不断释放，效果不断显现。

同时，部省合建工作也存在一定的困难，合建高校的改革发展还存在着一些问题与明显短板，亟须进一步加大合建工作力度。一是优质资源相对匮乏，高水平领军人才引育能力弱，高端科研平台、博士点等支撑发展的优质资源十分短缺；二是引领作用不够凸显，优势学科协同相关学科打造特色学科群的联动机制还不够健全，学科集群的优势尚未形成；三是服务能力有待增强，与地方主导产业需求对接不够紧密，产学研融合机制有待进一步完善。

部省合建是高等教育领域推动治理体系和治理能力现代化建设的有益尝试，下一步国家将通过资源汇聚、政策叠加，不断优化治理体系、提升治理能力，引导合建高校走以提高质量为核心的内涵式发展道路，提升其学科综合实力和服务地方经济社会发展的能力。

一是加强业务指导，加大支持力度。紧扣合建工作推进过程中的困难障碍开展调查研究，加强业务指导，引导内涵发展。加大教育部直属系统与合建高校双向任职（挂职）力度。积极协调发改、财政等部门进一步争取中央资金支持。督促各地支持举措落地见效。推进对口合作工作，落实各校实施方案和合作项目，尽快取得实效。

二是建设优势学科，提升服务能力。以扎根地方、服务地方、建设地方为导向，大力推进优势学科对接地方主导特色产业工作，支持引导每所合建高校建设一套高水平研究设施，突破一项关键技术，争创一个一流学科，带动一个主导特色产业发展，进一步提升优势学科群综合实力和辐射效应，增强学校服务地方经济社会发展的能力。

三是健全工作机制，凝聚合建合力。建立健全合建高校领导班子建设沟通协调机制，使教育部党组与地方党委组织部门就合建高校领导班子人选配备事宜加强沟通对接。建立健全专项经费管理机制，加强部省合建专项经费的监督检查和绩效评估，根据评估结果动态调整支持力度。建立健全统筹协调、上下联动的部省定期会商机制，及时解决合建工作中的重大问题。

3.2　地方高校省部共建的规模和类型

3.2.1　地方高校省部共建的规模

截至 2019 年底，教育部参与共建的地方高校共 81 所（前文已陆续分析，此处不再重复），覆盖了全国的各个省区市（包括新疆生产建设兵团），省部共建地方高校数（均为公办本科高校）占全国地方公办本科高校数的 11.36%（区域分布情况已在其他章节分析，此处不再重复），每个省区市内的具体共建高校数占比情况详见表 3-4。

表 3-4　全国各省区市(包括新疆生产建设兵团)省部共建地方高校统计一览表

序号	省级行政区	地方公办本科高校数	共建高校数	共建高校占比
1	河北	34	7	20.59%
2	江苏	37	6	16.22%
3	江西	23	5	21.74%
4	浙江	31	6	19.35%
5	新疆	11	3	27.27%
6	云南	21	3	14.29%
7	北京	24	3	12.50%
8	安徽	28	3	10.71%
9	广东	34	3	8.82%
10	辽宁	37	3	8.11%
11	河南	38	3	7.89%
12	山东	41	3	7.32%
13	宁夏	3	2	66.67%
14	海南	5	2	40.00%
15	内蒙古	15	2	13.33%
16	重庆	15	2	13.33%
17	甘肃	16	2	12.50%
18	天津	16	2	12.50%
19	福建	19	2	10.53%
20	贵州	19	2	10.53%
21	广西	24	2	8.33%
22	黑龙江	24	2	8.33%
23	湖北	28	2	7.14%
24	陕西	28	2	7.14%
25	新疆生产建设兵团	2	1	50.00%
26	青海	3	1	33.33%
27	西藏	3	1	33.33%

续　表

序号	省级行政区	地方公办本科高校数	共建高校数	共建高校占比
28	上海	21	1	4.76%
29	吉林	23	1	4.35%
30	山西	23	1	4.35%
31	湖南	29	1	3.45%
32	四川	29	1	3.45%
合计		704	80	11.36%

注：各省区市公办本科高校数统计截至2017年底。

3.2.2　地方高校省部共建的类型

对于共建高校的划分方式目前还尚未得到统一。以张文晋等为代表的学者将共建高校划分为教育部与行业共建，教育部、行业与地方共建，中央与地方共建这3种类型①。以程军为代表的学者则是根据不同的共建主体参与方及学校所属方将共建高校类型划分为更为细致的6种形式：第一种是教育部直属的教育部与高校所在地的省级政府共建高校；第二种是教育部直属的教育部与其他行业部委共建高校；第三种是教育部直属的教育部与国有大企业集团共建高校；第四种是教育部与高校所在地省级政府共建地方高校；第五种是教育部与高校主管中央部委和高校所在地省级政府共建教育部以外的中央部委所属高校；第六种是在高等教育管理体制改革后，由原中央部委所属划归省级地方政府管理的实行中央部委与省级地方政府共建、以地方政府管理为主的高等学校②。不管是3种共建类型还是6种共建形式，都是基于共建高校的主体来进行分类的。总结以上的分类方式，当前共建高校类型依据共建主体进行划分，不外乎以下2种：

一是以中央为主导，中央与地方共建型。这类共建高校隶属于中央

① 张文晋，张彦通．关于行业特色型大学共建体制的思考[J]．高教探索，2010(4)：15-18.

② 程军．共建高校的社会服务职能探析[D]．长春：东北师范大学，2006.

业务部门，共建形式为由中央业务部门与学校所在地政府共建。在程军等学者的研究基础上，这种共建类型又可以细分为 2 种。一是由教育部和当地政府共建隶属于教育部的高校。较为典型的有上海的复旦大学、上海交通大学、同济大学，这 3 所学校都是教育部和上海市人民政府重点共建的隶属教育部的高校。二是随着教育改革的发展，原来隶属其他中央业务部门的高校在管理体制调整后归教育部主管，但与此同时不管是在人才培养还是在科学研究上与原来隶属的中央业务部门都有着不可分割的联系，因此，这类高校的共建方式为由教育部主导，与中央其他业务部门和地方政府三方联合共建，如原隶属于财政部的中央财经大学在 2000 年按照要求划归为教育部。于是，该校变成由教育部、财政部和北京市人民政府三方共建高校。

二是以地方为主导，地方与中央共建型。这种共建形式，一方面是因为国家发展变化促进机构调整，其中最具代表性的是南京邮电大学。该校在发展过程中主管部门几经变革，由最初的隶属于国家邮电部到隶属于信息产业部，再到 2000 年由工业信息化部与江苏省共建，江苏省管理为主。另一方面因某些学校自身专业特色与中央业务部门联系紧密，需在一定程度上“回归”，具有代表性的是山东农林大学。该校以农林、生命科学为优势特色，因此山东省政府在该校共建形式上，分别与国家农业部和国家林业局签订了共建协议。

除上述分类外，根据共建高校的不同目标，高校共建的类型可划分为 2 类：基于效率的共建和基于公平的共建。

一是基于效率的共建。这类共建主要是为迎合国家建设高水平大学的目标，中央部委和地方政府采取措施以帮助支持部属高校。因此，这类高校以建设世界一流大学或高水平大学为主要目标，故需要更多的资源去实现其强者更强的目标，从而增强国家教育实力和竞争力。为了更好地整合集聚资源，该类高校主管中央部委联合地方政府进行共建。

二是基于公平的共建。该类共建类型主要是为了促进高等教育在国家区域间能够得到均衡的发展。因中央部所属高校在不同的省份之间的分配是不一样的，所以高等教育的教育资源在不同的省份也是不同的，这就造成了教育资源的不公平。为了改善教育资源欠缺省份的教育水平，更好、更公平地推进高等教育发展，基于公平的共建类型应运而生。

不管是何种共建高校形式，最终的目的是殊途同归的，即充分激发热情，调动其积极性，由各自独立办学向共同合作共建办学转变，以期整体提升我国高等教育的水平和竞争力。①

本书主要分析的是教育部参与共建的地方高校，主要类型有省部共建、省部部（委）共建、省部市共建、省部企（社会组织）共建、部省合建等，详见表 3-5。

表 3-5　80 所省部共建地方高校的共建类型情况统计表

序号	共建类型	共建高校	数量
1	省部共建	河北工业大学、西南科技大学、黑龙江大学、河北农业大学、海南师范大学、扬州大学、南京师范大学、河南师范大学、贵州师范大学、广西师范大学、华南师范大学、河北师范大学、江苏师范大学、首都师范大学、济南大学、山东师范大学、安徽师范大学、云南师范大学、安徽大学、湖北大学、上海大学、福建师范大学、江西师范大学、西南政法大学、福州大学、天津职业技术师范大学、浙江工业大学、西北大学、西北师范大学、河南大学、井冈山大学、湘潭大学、延边大学、延安大学、伊犁师范学院	35 所
2	省部部(委)共建	云南民族大学、石家庄铁道大学、燕山大学、江西理工大学、北京电影学院、山东财经大学、南京信息工程大学、江西财经大学、东北财经大学、南京审计学院、安徽医科大学、南京医科大学、温州医科大学、天津医科大学、哈尔滨医科大学、重庆医科大学、浙江工商大学、中国医科大学、首都医科大学、中国美术学院、南方医科大学、河北医科大学、新疆医科大学、宁夏医科大学、兰州理工大学、内蒙古医科大学、浙江中医药大学	27 所
3	省部市共建	宁波大学	1 所
4	省部企(社会组织)共建	沈阳航空航天大学、武汉科技大学、汕头大学	3 所
5	部省合建	西藏大学、青海大学、海南大学、贵州大学、云南大学、南昌大学、郑州大学、河北大学、山西大学、内蒙古大学、广西大学、宁夏大学、新疆大学、石河子大学	14 所

① 李爱民，郭有成. 我国共建高校分类及其发展研究[J]. 高等工程教育研究，2017(1):69-74.

以上地方高校省部共建的类型主要是从共建的主体来划分的，若从省部共建的地方高校自身的类型（综合、师范、医药、理工、财经、艺术、民族、农林、政法）来看的话，不同类型高校的共建情况详见表 3-6。

表 3-6　不同类型省部共建地方高校统计一览表

序号	高校类型	共建高校数	占共建高校比例
1	综合	30	37.50%
2	师范	17	21.25%
3	医药	14	17.50%
4	理工	9	11.25%
5	财经	5	6.25%
6	艺术	2	2.50%
7	民族	1	1.25%
8	农林	1	1.25%
9	政法	1	1.25%
合计		80	100%

3.3　地方高校省部共建的特征

3.3.1　政策目标的渐进性

地方高校省部共建政策的早期目标是通过共建高校发挥其“领头羊”的作用，从而促进中西部地区教育水平整体的提升，逐步形成“中西部高层次人才、科技、知识的相对高地”①。显然，早期的省部共建地方高校的政策目标旨在推动区域高等教育的发展，缩小中西部地区之间高等教育发展的差距。伴随着地方高校省部共建工作的不断深入及在高等教育上出现的新常态，高校共建这项高等教育政策由区域性转向全国性。与此

① 高文兵.省部共建高校定位与发展战略思考[J].中国高等教育,2007(13):24-26.

相对应的是，共建目标定位也发生了新的变化，该政策目标不再局限于服务区域，更多地以建设高等教育强国和人力资源强国的视角来重新审视与明确省部共建地方高校政策的发展定位。从发展战略的角度来说，增强中西部地区高等教育的水平、推进区域高等教育协同均衡发展仍然是地方高校省部共建政策的任务，但这并不代表高等教育水平相对先进的东部地区就要处于被动、消极等待的局面，省部共建对于东部地区也是一个非常重要的政策。东部地区的省（市）可以借助省部共建的政策，率先建成高等教育强省（市），从而带动全国高等教育的发展。这也是作为高等教育大省的江苏省竟有 6 所省属高校（共建高校数量在有省部共建高校的省份居第二位）成为省部共建高校的重要原因。

3.3.2　政策形式的多元性

省部共建地方高校政策形式的多元性体现在 2 个方面。其一，省部共建形式的多元性。随着省部共建高校队伍的扩大，各个共建高校因地、因校制宜地派生出多种合作方式，在省部共建合作的类型上也是越来越多样化，大致上有省部共建、省部部（委）共建、省部市共建及省部企（社会组织）共建，更有前文所述的部省合建。其二，省部共建参与者的多元性。作为一项高等教育政策，省部共建主要有以下 3 类重要的参与者：一是省部共建的核心参与者，主要包括以教育部为代表的中央部委和省级政府，中央部委给予共建高校相关政策支持，省级政府主要为共建高校的发展提供资金支持；二是省部共建的中心参与者，即省部共建高校自身和对口支援的教育部直属院校，共建高校自身确定发展理念、进行改革发展，对口支援高校对共建高校进行对点帮扶；三是省部共建的外部参与者，主要指教育部省部共建地方高校工作咨询顾问与设立在山西大学的教育部省部共建工作研究中心，两者为共建高校提供战略规划的咨询论证及改革发展的理论指导等。①

---

① 徐吉洪，张乐天. 我国地方高校省部共建：过程、动力、特征与实质[J]. 高等教育研究，2018(4)：34-41.

3.3.3 政策边界的延展性

省部共建地方高校政策实施 10 多年以来，其政策边界不断拓展。一方面，其政策的地域范围稳步扩大，在中西部地区没有教育部直属高校的 13 个省区市的试点取得较好的效果后，先拓展至经济发达的东部区域，再至东北三省，最后向全国范围内的所有省区市推广。这种“试点—总结—推广”的政策演进模式有助于弱化教育政策的风险，有利于省部共建工作的顺利开展。① 另一方面，省部共建地方高校的类型日益多样化，从早期共建的综合型院校至如今共建的行业特色型院校，省部共建工作呈现“百花齐放”的局面。

3.4 地方高校省部共建模式的案例解析

3.4.1 贵州大学省部共建解析

1)共建基础

贵州大学是第一批省部共建地方高校之一，共建时间较长，具有坚实的共建基础。贵州大学于 2005 年 9 月成为国家“211 工程”大学，还先后被列入“卓越工程师教育培养计划”、“卓越法律人才教育培养计划”、“中西部高校综合实力提升工程”、中西部“一省一校”国家重点建设高校等多项国家重点项目。

2)办学定位

贵州大学的目标定位是“有区域特色和国内外影响力的综合性高水平大学”；类型定位是“全国有较大影响的高水平研究教学型大学”；学科

① 徐吉洪，张乐天. 我国地方高校省部共建：过程、动力、特征与实质[J]. 高等教育研究，2018(4)：34-41.

定位是“以少部分学科向国际先进靠近，另一部分学科成为国内一流，其他一些学科在国内处在优势地位，促进高峰学科建设与一流学科建设，与此同时，发展交叉学科及相互合作、共同创新，推动学科群的建设，从而完善并优化学科布局”；服务方向定位是“立足贵州、服务地方，为实现贵州与全国同步全面建成小康社会做出更大贡献”；办学特色定位是“按照自身的实际情况，以主干学科为中心，深化办学特色，以达到在部分领域形成互相支撑、共同发展的具有特色优势的学科，全面服务于贵州经济社会发展”。可见，贵州大学的定位意识非常强，对其自身的目标、类型、学科、服务方向、办学特色等方面均有较为全面、清晰的定位，且能与省部共建的工作目标紧密契合。

3)共建形式

2004 年 12 月，贵州省人民政府与教育部签署协议，共同建设贵州大学，并确定了以贵州省人民政府管理为主，教育部重点支持的管理方式。通过长期的共建工作开展，贵州大学、贵州省人民政府及教育部在共建工作上达成了很好的协作默契，共建工作开展的协调度较好。

4)共建力度

共建工作启动以后，教育部不仅统筹贵州大学的整体发展，并有针对性地进行重点扶持。教育部陆续颁布多份文件来支持省部共建贵州大学的工作，文件的颁布及推行使得省部共建工作有了资源供给与制度保障；同时，教育部安排浙江大学对口支援贵州大学出实招，主要进行联合培养人才，帮助贵州大学培养师资、管理队伍、建设学科、建设实验室，推进贵州大学实现服务区域的战略需求等。贵州省进一步增强了对贵州大学统筹发展规划的重点扶持力度，将贵州大学的发展纳入贵州省国民经济和社会发展“十一五”“十二五”发展规划，以及《贵州省教育发展规划纲要（2015—2020）》，全面考虑其改革发展；此外，加大了经费投入，每年拨款 1 亿元，作为贵州大学发展的专项经费；2013 年贵州省人民政府投资贵州大学花溪校园扩建工程（二期）39.85亿元。[①] 近年来，贵州大学积极主动参与共建工作，不断加快自身建设步伐，例如，紧紧围绕贵州能源工业、现代物流、矿产资源开发利用、生物资源和特色农业发展、旅游资源开发、高新技术6个特色优势产业与“烟、酒、茶、多彩贵州旅游和中药材产业”5张名片，相继成立了药学院、旅游与文化产业学院、酿酒与食品工程学院、大数据与信息工程学院、烟草学院、医学院（贵州大学与贵州省人民医院签署战略合作协议，合作创办贵州大学医学院）、茶学院等一批特色学院；不断加强和推进校地合作，与全省30个市（州）、县（区）人民政府及170多家企业签订了全面合作协议，与茅台集团、中铝贵州分公司等多家企业加强了科技合作；针对贵州省经济社会发展需要，组建了贵大—奇瑞高技术研究院，进行校企结合、深度研发合作等。

贵州大学以省部共建平台为契机，获得了长足的发展。特别是近几年以来，贵州大学的学科综合建设水平得到了极大提升，“植物保护”入选了国家一流学科。站在新的发展起点上，贵州大学应继续保持以往共建工作的活力，进一步加大建设力度、加快建设步伐，争取早日成为“有区域特色和国内外影响力的综合性高水平大学”。

3.4.2 江西财经大学省部共建解析

1)共建基础

江西财经大学跨入省部共建行列之前，已具备较好的发展基础、较强的综合实力。特别是1980—2000年间，学校主要由财政部管理，因得到财政部和江西省两方面的大力支持，学科建设、师资队伍建设、校园基础建设发展非常迅速，实现了在“江西有优势、华东有特色、全国有影响”的“九五”发展目标。2000年，江西财经大学由财政部管理为主转变为江西省管理为主。学校下放到地方管理后，相对财政部原部属院校的迅猛

① 季飞，杨润杰. 省部共建地方高校政策执行效果评价——以教育部贵州省政府共建贵州大学为例[J]. 教育文化论坛，2016(6)：38-43.

发展势头，建设步伐相对缓慢。在此背景下，江西财经大学在 2006 年至 2012 年多次恳请财政部支持省部共建，并不断积极主动促进共建工作落实。

2)办学定位

江西财经大学的目标定位是“致力办成具有鲜明特色、厚实基础、人民满意、国际知名的高水平的财经大学，实现从‘中国知名大学’到‘中国高水平大学’的迈进”；学科定位是“到 2020 年，确保在财经类高校第一方阵的地位不动摇，力图使学校的综合实力及主要的学科在全国财经类排名进步，1—2 个一级学科跻身国家世界一流学科建设行列，若干学科进入省级高水平学科建设行列”；服务方向定位是“依托学科优势、人才优势和智力优势，努力服务国家、地方经济社会建设，配合财税体制改革等方面做出应有贡献”；办学特色定位是“培养具有‘信敏廉毅’素质的创新创业型人才”。可见，江西财经大学具有非常全面具体的办学定位，且能与省部共建的工作目标紧密结合。

3)共建形式

2012 年 5 月 15 日，江西财经大学成为财政部、教育部、江西省人民政府共建高校。江西财经大学历史上曾由财政部管理，为江西省人民政府与财政部共建江西财经大学打下良好的基础，在共建工作的开展中，各共建主体能够有效协调。

4)共建力度

教育部以统筹发展为主，对江西财经大学的改革、建设和发展给予更多关注和支持。江西省人民政府十分重视江西财经大学的省部共建工作，积极支持学校进入“中西部高等教育振兴计划”和“高等学校创新能力提升计划”等重大工程项目；江西省发改委重点办要求学校每季度汇报共建进展情况；省级政府与学校合作成立江西经济发展研究院，提供科研项目和经费支持，并对国家给予学校的有关研究和建设项目予以经费配套支持。省部共建后，财政部重点支持学校的发展，与学校展开全面合作。

例如，财政部对原部属6所高校（含江西财经大学）制定了共建工作联席会议制度，密切了共建工作间的联系；学校承接财政部共建合作项目，2013年至2016年4月，共承接财政部共建研究课题12项；学校对接财政部实时需求，主动提供服务，组建了“财政大数据分析平台”，该平台有效发挥了网络舆情采集和舆情预警分析功能，为财政部提供了及时准确的舆情监测服务，撰写了具有专业水准的舆情分析报告，得到财政部的高度评价。同时，学校也采取了切实有效的措施来推进共建工作开展：第一，成立共建工作办公室，全面负责共建工作的开展，同时配备了工作人员，拨付了工作经费，做好了工作进展情况上报、文件精神下达，组织项目申报和项目进程督办等工作；第二，对申报立项成功的联合科研课题，为保证研究质量，学校按结题鉴定结果最高配套给予20万元研究经费，提供课题经费方面的支持；第三，打造高校“智库”平台，发挥思想库和智库的作用，切实为地方经济建设做好服务；第四，发挥学科和师资优势，认真做好政府部门干部培训工作；第五，加强舆论宣传工作，向财政部推荐了多名法律、财税、网络等方向的舆论专家、舆论精神领袖、舆情工作联络员和应对工作人员等。

江西财经大学共建工作开展以来，学校借助教育部、省级政府、财政部三方的资源，进入快速发展的轨道，各项事业发展明显提速，特别是综合学科建设水平得到了极大提升，开创了建设特色鲜明的高水平财经大学的新局面。今后，学校应继续不断深化、推进共建工作，充分调动共建主体的积极性，使学校的发展更上一台阶。

3.4.3 郑州大学省部共建解析

1)共建基础

郑州大学是全国第一所省部共建地方高校，其共建工作启动时间最早，拥有较好的发展基础。学校也是国家“211工程”重点建设高校、“一省一校”国家重点支持建设高校，还入选了“中西部综合实力提升工程”“卓越工程师教育培养计划”等多项国家重点项目计划，综合实力较强。

2）办学定位

在进入国家世界一流大学建设高校行列之前，郑州大学的目标和类型定位是“区域示范、国内一流的高水平研究教学型大学”。2017 年 9 月迈入国家世界一流大学建设高校行列，站在新的历史起点上，学校确立了新的目标和类型定位，即建成“世界一流综合性研究型大学”；学科定位是“以‘整体推进，重点突破，加强集成，形成特色’为原则，凝练现有学科，形成特色方向，加强新兴交叉学科建设”；服务方向定位是“立足河南，面向全国，放眼世界”；办学定位是“扎根于中原文化，培养高素质的人才，建设具有区域特色的优势学科专业，为地方经济社会的发展提供人才与科技支撑”。显然，郑州大学能够根据省部共建的工作目标，提出全面、具体明确的办学定位，且能根据学校的发展情况做出相应调整。

3）共建形式

2004 年 2 月 23 日，郑州大学正式成为教育部与河南省政府共同建设大学。在管理方式上，明确以河南省政府管理为主，教育部重点支持。经过较长时间的共建工作，河南省政府、教育部及郑州大学也已经形成较好的共建默契，能够有效协调共建工作。

4）共建力度

共建以来，教育部在统筹郑州大学的发展方面发挥着重要作用，教育部领导多次莅临郑州大学，对郑州大学的改革、发展与各项建设事业给予了有力指导与扶持，指导帮助郑州大学制订了中长期战略发展规划与学科建设规划。同时，教育部通过邀请郑州大学参加教育部直属高校工作咨询委员会等形式，有效推动了郑州大学与教育部直属高校之间的交流与合作。河南省政府也一直高度重视郑州大学的发展，统筹郑州大学的发展，并不断加大重点支持的力度，确保了郑州大学建设的各项正常事业费用的投入。值得一提的是，省政府投入大量资金，与学校共建大学科技园，培育了新开普电子上市公司、日立信电子、恩普特设备诊断工程公司等一批企业。郑州大学也十分珍视省部共建这一重大发展机遇，主动参与共建工作：一是以学科建设为抓手，打造了创新驱动发展载体。2013 年开始，学校推进学科资源整合，遴选校级优势特色学科、基础与新兴交叉学科，围绕学科架构构建了国家、省和学校三级学术平台体系。二是构建了创新人才培养体系，汇聚了高层次创新人才，培养了高素质拔尖人才。三是构建了创新驱动服务体系，构建了医疗服务、工程技术服务、管理决策服务等多元服务体系，且不断创新校市、校企、校所合作形式，已与 11 个地市建立了校地合作关系，与 200 余家大中型企业建立了校企、校所合作关系等。

作为首个省部共建地方高校，郑州大学在共建过程中一直保持着稳健的建设步伐，建设成效显著。特别是近几年来，取得了可观的共建成绩，不仅综合学科的建设水平得到了较大的提升，临床医学、材料科学与工程和化学等 3 个优势学科也被列为“国家一流学科”建设行列。在今后的发展中，郑州大学将继续借力省部共建，有效调动和利用各方资源，强力推动“世界一流综合性研究型大学”的建设。

3.4.4 浙江工业大学省部共建解析

1)共建基础

浙江工业大学具有较强的共建基础，为省重点建设大学，地处东部经济发达地区，地方财力丰足，对学校的支持力度较大。学校还入选了“2011 计划”、“卓越工程师教育培养计划”、卓越教师培养计划及国家“高等学校学科创新引智计划”等，综合实力稳居全国高校百强行列。

2)办学定位

浙江工业大学的目标和类型定位是“区域特色鲜明的综合性研究型大学”；学科定位是“有 5—7 个一级学科进入全国前 10%或前 5 位，4—5 个学科进入 ESI 前 1%，积极创建世界一流学科，建成三大优势学科群”；

服务方向定位是“为浙江教育强省建设和区域经济社会发展提供有力的人才、技术和智力支持”。可见，浙江工业大学提出了针对学校自身的相对具体的办学定位，能够与省部共建的工作目标相结合。

3)共建形式

浙江工业大学正式步入省部共建高校行列的标志是浙江省和教育部于2009 年 6 月 8 日协议的签订。经过近 10 年的省部共建工作的开展，教育部与浙江省人民政府也能有效协调浙江工业大学的共建工作。

4)共建力度

在浙江工业大学的共建过程中，教育部以统筹发展为主，如教育部组织专家咨询论证学校发展战略规划，帮助学校科学定位、办出特色，使学校在区域高等教育中的示范作用日益彰显；邀请学校参加教育部召开的直属高校的重要会议，组织学校领导干部参加海内外培训，帮助学校拓展了办学视野；积极引导学校对体制机制的创新改革，加强对学校教学、学科建设、师资队伍的引导。省级政府也以统筹发展为主，且其重点支持的力度持续加大。例如，省级政府把浙江工业大学纳入省高等教育重点建设高校，同时纳入全省的经济建设和社会发展的整体规划中，给予了全方位的重点支持；不断增加对学校的经费投入，提升办学条件，保障办学质量，采取切实措施，帮助学校解决发展过程中面临的一些实际问题。学校自身的主动建设积极性较高，多举措并进，不断加快建设步伐。根据省部共建协议精神，浙江工业大学与浙江大学签署了两校对口支持与合作协议，与浙江大学协同申报“2011 协同创新中心”；学校以一流学科建设为主线，加强学科群与产业群深度对接，着力打造“绿色化工”“生命健康”“先进制造”“经济管理”“文创设计”五大优势学科群，着力与浙江省在长三角已形成的支撑未来发展的七大万亿级产业和九大战略新兴产业等产业群深度对接；学校也不断加强与各级政府、企业的全面战略合作，搭建校地合作平台，如建立了浙江省 11 个地级市的校地战略合作关系网络；学校深入对接浙江省产业和国家战略需求，组建各类智库平台，智库建设坚持问题导向和实践导向，特别注重参与社会重大与热点问题的项目研究等。

浙江工业大学自进入省部共建高校队伍以来，取得了一系列成绩，共建红利不断彰显，这与浙江工业大学坚实的共建基础、明确的办学定位及共建主体较高的建设积极性有很大关系。在新的起点上，学校应保持并不断深化共建举措，努力建成“区域特色鲜明的综合性研究型大学”。

3.4.5 南京信息工程大学省部共建解析

1)共建基础

南京信息工程大学的前身是南京气象学院，曾被誉为“中国气象人才摇篮”，1978 年被列为全国重点大学，2007 年实现了江苏省政府与中国气象局共建，2011 年入选“卓越工程师培养计划”，2012 年入选国家“2011 计划”。可见，在跨入省部共建地方高校行列以前，南京信息工程大学在气象领域已强化了特殊优势，奠定了较为坚实的发展基础。

2)办学定位

南京信息工程大学的目标定位是“一流特色高水平大学”；学科定位是“以基础学科为高地，以大气科学学科为高峰，海洋、环境、信息、管理，多学科交叉融合、协调发展的学科生态圈”；服务方向定位是“坚持两个面向”，即面向国家气象事业和江苏经济社会发展。可见，南京信息工程大学的办学定位虽然并不是十分全面，但其具有鲜明的特色，旨在打造顶尖大气科学学科，服务于我国气象事业。这也贯穿了南京信息工程大学发展过程。

3)共建形式

2012 年 6 月，南京信息工程大学由江苏省政府、教育部及中国气象局三方共建。自南京信息工程大学建校以来，中国气象局和教育部一直坚持在政策方面指导学校的发展，而在管理方式上学校也曾为中国气象局直属，江苏省代管。因此，三者共建南京信息工程大学已有较好的基础，亦能有效协调共建工作。

4)共建力度

近年来，教育部、中国气象局、江苏省政府对学校的支持力度不断加大。例如，在教育部和江苏省政府的大力支持下，学校被列为江苏省综合改革试点高校、江苏省人才强校首批试点单位、江苏省教育人才工作先进单位等重点项目计划，共建优势进一步彰显；中国气象局支持学校建成国家级一流气象台，并和江苏省投入了 1200 多万元，每年可为 1200 多名学生提供 5.7 万学时的气象教学综合实习机会；中国气象局和江苏省投入 850 万元支持学校建成了大气探测基地，挂牌国家气象局综合观测培训实习基地；中国气象局还赠送给学校一部价值 1000 多万元的先进的多普勒气象雷达；等等。南京信息工程大学主动建设的积极性不断增强，还与国家民航、环保、水利、国防等行业部委，以及地方政府和众多企事业单位签署了合作协议，形成了由教育部、行业部委、地方政府和企事业单位等共同支持的“3＋X”共建格局，进一步实现了共建模式的突破创新、共建工作的深入开展。首先，从与共建单位的合作方式和内容来看，合作方式由过去的共建单位向学校单方面提供支持，发展为学校与共建单位间互助互赢、共同发展；合作内容由过去单一的人才培养、科研项目和实训实习合作，发展到学科共建、联合科研、校企联盟、人员互聘等。其次，共建工作机制不断完善。一是成立了合作共建办公室。其专门负责与教育部、行业部委、江苏省政府等有关部门的沟通联络。二是采取多种磋商形式。学校每年定期向上级部门汇报学校发展战略、发展状况、存在的困难及下一阶段工作思路，提出需要共建部门指导支持的具体内容。三是推进人员互聘交流。学校积极推荐管理干部、技术人员、专业教师到部、局、省挂职和借调，同时聘请共建单位的人员到学校兼职（如中央气象台台长兼任学校气象台台长）和任职（如数十位气象领域的院士和正研级高工担任学校博士生导师）等。

总的来说，南京信息工程大学取得的共建成就主要得益于多方共建主体的大力支持与协同合作。同时，学校在进行建设时，应紧抓大气科学学科优势，不断深化自身优势，以进一步带动学校的全方位发展。

3.4.6 浙江工商大学省部共建解析

1)共建基础

浙江工商大学（原杭州商学院）是原商业部（现商务部）所属院校之一。学校一直秉承商科办学传统，尤其是 1998 年从原商业部直属院校改为“中央与地方共建，以地方管理为主”以来，学校坚持走特色办学之路，以经济学、管理学学科为主，法学、工学等多学科协调发展，办学水平不断提高。2015 年，学校被确定为浙江省政府、商务部和教育部共建大学。2017 年，学校被确定为浙江省重点建设高校，其统计学、工商管理学科入选“省优势特色学科”名单。由此可见，浙江工商大学具有一定的共建基础，在商科领域积累了一定的专业优势。

2)办学定位

浙江工商大学的目标定位是“国内同类一流、国际知名的高水平大学”；服务方向定位是“立足浙江，服务国家，走向世界”；办学特色定位是“以大商科为特色”。可见，浙江工商大学具有一定的定位意识，其办学定位的核心是持续打造“大商科”的学科特色。

3)共建形式

浙江省政府、商务部及教育部于 2015 年 11 月印发共建浙江工商大学的意见。由于浙江工商大学曾隶属原商业部（现商务部），这也为浙江省政府、商务部、教育部三者共建浙江工商大学奠定了坚实的基础，从目前的情况看，三者能够基本协调共建工作。

4)共建力度

近年来，在对浙江工商大学共建的过程中，教育部以“统筹发展”为主，宏观指导学校的发展规划，省政府和商务部对学校的重点支持力度不断加大。例如，浙江省政府将学校列为省重点建设高校；商务部在学校的课题研究、学生实习、师资培养、学校办学活动等方面给予支持。学校自身主动建设的积极性持续增强，比如学校与浙江省商务厅签订了全面合作协议，与商务部国际贸易经济合作研究院签订了合作协议。

综上，在共建过程中，学校在商贸领域的特色优势基础上，与相关单位展开深入、全面合作，发展势头正猛。在今后的共建工作中，浙江工商大学将进一步调动各方共建积极性，有效整合各方资源，继续积聚并发挥独有的专业特色优势，推动学校整体的发展迈上新台阶。

3.4.7　西藏大学省部共建解析

1)共建基础

西藏大学地处西藏自治区，办学条件和基础较为贫瘠薄弱，地方财力较弱，对高校的投入力度不足，且由于历史政治等因素，西藏大学的发展起步较晚、起点低，师资队伍的学历层次，整体水平特别是高层次人才数量较内地高校仍有一定的差距。这体现了西藏大学相对较弱的共建基础。

2)办学定位

西藏大学的目标定位是“特色突出、国内有影响力、国际有知名度的高水平综合性大学”；类型定位是“教学科研型大学”；学科定位是“突出生态学一流学科及民族文化和高原科学技术两大优秀特色学科群建设”；服务方向定位是“以服务西藏经济社会发展需要为宗旨”；办学特色定位是“建设成为西藏特色突出的大学”。可见，虽然西藏大学做出了较为详尽的办学定位，但其具体内容相对宽泛、模糊，缺乏针对性、量化的定位，其定位意识有待进一步加强。

3)共建形式

西藏大学于 2004 年 9 月进入省部共建高校行列，由教育部和西藏自治区政府共建。经过长期的共建工作开展，教育部与西藏自治区政府也能基本协调共建工作。

4)共建力度

实施共建以来，教育部和自治区人民政府主要以“统筹发展”为主，把西藏大学的建设发展工作纳入教育部整体规划统筹安排，如通过组建对口支援高校团队的形式开展多层次、全方位的对口支援工作；2010 年，教育部组建了以北京大学为组长单位的对口支援团队，在诸多方面开展了多层次、多渠道的交流与合作。区委、区政府也始终高度重视西藏大学的建设和发展，自治区领导同志多次莅临学校指导工作，并在教育经费投入、“双高”人才引进、新校区征用土地、校舍建设、老校区改造等方面给予西藏大学资金倾斜、政策优惠，将西藏大学的建设和发展纳入自治区整体发展规划。学校自身也具有一定“主动建设”的积极性，例如在学科建设方面，西藏大学紧密结合国家和自治区经济社会发展及产业结构调整的需求，大力实施“民族文化学科和高原科学技术学科”两大特色学科建设工程；在人才培养方面，与对口支援高校，建立了“1＋2＋1”等联合培养模式，创新人才培养模式；在科研平台建设方面，在不断加强已有的平台建设的同时，正在着手重点布局建设“西藏高原生态环境安全与健康联合实验室”“高原桥梁与隧道工程应用技术平台”等系列高水平科研平台。

虽然西藏大学的共建工作启动较早，至今已运行 10 余年，但是与其他共建高校相比，其发展速度相对较慢，共建产出较少，在整体的发展过程中，属于缓慢积淀型。就学校的现状来看，与建设目标还有一段距离。因此，在今后西藏大学的共建工作中，西藏大学应进一步加强自身建设的主动性，主动争取资源投入，同时，教育部和自治区政府也应有针对性地重点扶持学校发展，如不断加大经费投入力度、向重点项目倾斜、引进高层次人才等。

3.4.8　伊犁师范学院省部共建解析

1)共建基础

伊犁师范学院地处新疆维吾尔自治区，共建基础较为薄弱，为区属普通高等师范学校，地方财力投入有限，发展步伐相对缓慢。

2)办学定位

伊犁师范学院的目标和类型定位是“区内先进，国内和中亚有重要影响力的应用型大学”；学科定位是“重点学科领先，教师教育优势突出”；服务方向定位是“成为北疆应用型人才培养基地，地方社会治理和维护稳定的智库，社会发展与文明进步的排头兵，科教文化、国际交流和向西开放的桥头堡”。可见，伊犁师范学院的办学定位相对模糊，未有具体量化的目标设置，其定位意识较弱。

3)共建形式

伊犁师范学院的共建工作启动相对较晚，于 2015 年 8 月正式跻身地方高校省部共建行列。深入贯彻落实全国对口支援新疆工作会议精神、中央民族工作会议及《国家中长期教育改革和发展规划纲要（2010—2020 年）》，为了做好教育援疆工作，必须探索出东部高校引导西部高校从而协同发展的新形式。为此，教育部、新疆维吾尔自治区政府、江苏省政府通过协商决定共建伊犁师范学院和南京师范大学。实际上，是在教育部与地方政府的共同支持下，南京师范大学带动伊犁师范学院的发展。显而易见地，伊犁师范学院的共建形成较为特殊，为“共建＋援建”的形式，该形式下各共建主体的工作开展协调性相对不稳定。

4)共建力度

根据共建协议，南京师范大学对口支援伊犁师范学校，江苏省政府将其列入江苏援助新疆的规划，在工作指导和发展经费上予以支持。教育部同样支持南京师范大学援助建设伊犁师范学院，同时对其改革发展予以指导与支持，并把南京师范大学纳入“少数民族高层次骨干人才计划”博士研究生的招生单位，每年为新疆地区定向培育博士研究生等。

显然，“共建＋援建”模式是一种创新和突破，调动了教育部、省级政府、自治区政府的积极性。然而，在一定程度上也可能削弱了各方主动建设的积极性。总的来说，在伊犁师范学院的共建过程中，教育部和江苏省人民政府以“统筹发展”为主。自共建工作启动以来，伊利师范学院取得了一定的共建成效，但与其他共建高校相比，存在一定差距。仅从两轮学科评估的结果对比来看，学校的学科建设进步不大。这与学校的共建基础及行动取向有很大关系。因此，伊利师范学院的共建工作尚处于磨合探索期，亟须夯实共建基础，提高各方主动建设积极性，从而不断推进共建工作。

第 4 章
地方高校省部共建绩效的综合评估

本章将围绕地方高校省部共建现状继续深入探讨地方高校省部共建的绩效评估。要想评估一所高校办学活动效率的高低，必须建立起一套行之有效的绩效评价体系。在省部共建的地方高校实现自身战略发展的过程中，绩效的评估和应用越来越受到关注。① 绩效评估是公共部门推行竞争和公共问责制的共同基础，组织绩效评估是高校回应公共支出问责的方式之一。

组织绩效评估是管理者运用一定的指标体系对组织的整体运营效果做出的概括性评价。有效的评估可以揭示组织的运营能力、偿债能力、盈利能力和对社会的贡献情况，为管理人员和利益相关者提供相关信息，为改善组织绩效指明方向。组织绩效的评估需要选用一定的指标，指标作为衡量组织绩效的标准，其本身必须体现对组织管理的综合要求。从组织的发展过程来看，一个系统、有序的评价反馈体系对组织的生存和发展起着至关重要的作用。

绩效评估方法是指绩效评估活动中进行信息收集和分析的方法、工

① 贾锁堂，吴文清，郎永杰. 省部共建高校绩效评价方法探析[J]. 山西大学学报(哲学社会科学版)，2009(4)：124-128.

具、程序和标准。按照评估主体，组织绩效评估的方法可以分为内部、外部、参与式 3 种。组织内部的绩效评估又可以区分为内部自我评价和相互评价；组织外部的绩效评估可以分为上级评价、同行评价、社会评价 3 种；参与式绩效评估则是组织内部和外部相结合的一种评估方法。

同行专家评价是指了解和具备被评价对象和领域的专业知识的专家在组织绩效评估过程中，利用整合评价事实信息的技能，判断和吸收相关信息，给出整体的评估意见。① 同行专家评价之所以被视为一种主观评估方法，是因为同行专家对信息的判断、吸收、整合、评价的过程是内在的，最终的评价意见或结果也是同行专家的内在思考过程的整体反映。虽然多数同行专家评价都是建立在系统的事实数据基础上，也制订了相对具体的评价标准，但是最终评价结论是同行专家解读和内化评价标准、对事实数据给出的整合评估意见。价值观在解读和内化评价标准的过程中起到至关重要的作用。所以，同行专家评价方法的应用需要同行专家在评价过程中具有一定共同的价值观和评价标准，或者建立某种协调价值观冲突和评价标准应用裁夺的机制。目前许多高校的组织绩效评估都以学科为单位，比如我国教育部学位与研究生教育发展中心开展的一级学科整体水平评估（简称：学科评估）就是一种组织外部的同行评价。②

如何来评价地方高校省部共建的绩效？由于定量和定性的组织绩效评估方法各有其优缺点，许多组织绩效评估采用综合性的评价方法，即定量和定性相结合的评价方法，本书也是如此。过程绩效评价关注省部共建工作给地方高校带来的发展能力的提升与合作机制的建设。省部共建地方高校发展的重点在于发挥、提升内在的学科实力、水平，因此该维度注重基础性衡量指标。结果绩效侧重产出视角，关注省部共建地方高校在人才培养、科学研究、社会服务等过程中的作用。本书采用的地方高校省部共建的绩效评估，结合“过程”与“结果”2 个维度，除综合考虑人才

---

① GARDNER D E. Five evaluation frameworks：Implications for decision-making in higher education[J]. Journal of Higher Education，1977:571-592.

② 王莉华. 我国研究型大学组织绩效评价理论和方法研究[M]. 杭州：浙江大学出版社，2018.

培养质量、科学研究水平和社会服务能力外，还着重考虑学科是否进入国家“双一流”及教育部学位中心的学科评估（其评估指标涵盖师资队伍与资源、人才培养质量、科学研究水平、社会服务与学科声誉）结果，关注省部共建背后的内在能力提升，同时也考虑学科评估与“双一流”本身评价指标的综合性、复杂性，且关注最终的产出。

4.1　地方高校省部共建绩效的定性分析

尽管地方高校在省部共建过程中还存在有待优化和提升的空间，存在不同层面的问题，但是就教育发展的整体大格局而言，地方高校省部共建还是有效地推动了我国高等教育的发展，起到了积极的作用。

目前，省部共建的地方高校已经形成了涵盖“211 工程”重点高校、地方高水平综合高校、地方行业特色型高校的地方高校省部共建体系。从近 10 余年的省部共建工作实践来看，共建工作在优化我国高等教育资源布局、提升共建高校综合实力、推动区域经济社会发展等方面取得了实质性的成效，曾被称为“中西部发展的基础工程”和“亿万人民受益的民心工程”。

4.1.1　优化国家高教资源布局

要想实现高等教育事业的可持续性发展，必须要优化高等教育的布局与提升高等教育资源的配置效率。然而，由于历史与早期国家高教政策等，绝大部分教育部直属高校及国家重点建设的“985 工程”院校、“211 工程”高校都位于东部沿海经济发达地区，而中西部地区有 13 个省（自治区、新疆生产建设兵团）没有教育部直属高校。可见，早期高等教育主要存在国家重点高校覆盖面狭小、空间布局不均衡、不同地区的高等教育发展水平差距大等问题。

地方高校省部共建是对国家重点大学建设的一种有益补充，在促进我国高等教育资源合理布局方面发挥着重要作用，主要表现在 2 个方面：第一，优化了高等教育资源的空间布局。地方高校省部共建不仅覆盖了我国中西部地区 13 个无教育部直属高校的省（自治区、新疆生产建设兵团），还囊括了东部地区的一些高校。截至目前，地方高校省部共建已涵盖了我国 31 个省区市及新疆生产建设兵团，在我国东中西部地区均有分布，具体分布情况如表 4-1 所示。第二，促进了我国高等教育事业的公平发展。自 2004 年省部共建工作开展以后，教育部、省级政府及中央有关部委积极从宏观层面指导共建高校的发展，在政策、资金等方面给予了共建高校大力支持，且地方综合型高校和行业特色型高校并重，平行发展。例如，现有的 2 种省部共建形式各有侧重、各有特色：教育部与省级政府共建高校形式重点关注整体性和全局性，主要考虑了全国高等教育的合理布局和协调发展；教育部、省级政府及中央其他部委或社会组织共建高校形式重点关注行业性和相关性，主要考虑了行业需要和高校发展的历史渊源。① 总的来看，自地方高校省部共建后，中西部地区和东部地区高等教育的发展差距得以缩小，我国高等教育公平性得到提升。

表 4-1　省部共建地方高校区域分布表

序号	地区	省区市	省部共建地方高校数	合计	地方高校省部共建的各地区分布比
1	东部地区	河北	7	38	47.50%
2		江苏	6		
3		浙江	6		
4		北京	3		
5		广东	3		
6		辽宁	3		
7		山东	3		
8		海南	2		
9		天津	2		
10		福建	2		
11		上海	1		

① 周倩.新型地方高校省部共建模式的发展取向与职能发挥[J].现代教育管理，2012(8):55-59.

续　表

序号	地区	省区市	省部共建地方高校数	合计	地方高校省部共建的各地区分布比
12	中部地区	江西	5	18	22.50%
13		安徽	3		
14		河南	3		
15		黑龙江	2		
16		湖北	2		
17		吉林	1		
18		山西	1		
19		湖南	1		
20	西部地区	新疆维吾尔自治区	3	24	30.00%
21		云南	3		
22		宁夏	2		
23		内蒙古	2		
24		重庆	2		
25		甘肃	2		
26		贵州	2		
27		广西	2		
28		陕西	2		
29		新疆生产建设兵团	1		
30		青海	1		
31		西藏	1		
32		四川	1		

注：作者根据相关数据整理而得。

4.1.2　提升共建高校综合实力

在省部共建工作的战略推进和支持下，地方高校的发展迅速进入了一个全新的阶段，综合实力得到了显著提升，具体表现在以下几个方面：

第一，学科建设平台快速升级。省部共建地方高校的一批区域特色鲜明的应用型学科跻身全国同类学科前列，为区域高等教育甚至行业的发展集中了众多的优质资源。根据相关统计结果显示，无论是在质量上还是在数量上，省部共建地方高校学科的建设水平都胜于中西部地区的其他非共建高校，省部共建地方高校涵盖了中西部地方高校 1/3 以上的一级学科博士点、46%的国家重点学科及 65%的教育部人文社会科学重点研究基地。① 近年来，在“双一流”战略的影响下，共建高校开始重新审视学科建设的重要性，开展以学科建设为中心，建设与区域经济社会发展相协调的学科体系。就山西大学为例，近年来，根据“世界一流学科、国内优势学科、产业急需的特色学科”的分类指导建设思想，着力打造“顶天立地”的学科布局，整合和优化学科资源，积极孵化和培育交叉、新兴、横断学科及研究方向，以推进学科群建设，进一步提升学科竞争力。②

第二，人才培养平台不断拓展。综览服务于全国各地各个行业的人才，省部共建地方高校的毕业生占有很大比例，可见，共建高校为区域经济社会的快速发展和行业的社会贡献、转型升级提供了大量的人才队伍。以南京审计大学为例，学校多次承担国外最高审计机关留学人员培训任务，先后承办了来自亚洲、欧洲、非洲的 33 个国家最高审计机关审计官员留学培训任务、海峡两岸暨港澳台地区审计理论与实务研讨会、23 个非洲英语国家审计长高级研讨班、斯里兰卡高级审计研讨班、坦桑尼亚官员研修班、老挝公共建设与交通部“内部控制学习班”、亚洲审计组织培训班等，在我国审计国际化进程中扮演着重要角色；2011 年学校与财政部、审计署共建全国审计干部培训基地，举办了多期全国审计骨干培训班，为我国审计事业的发展提供了强有力的人才支撑。

第三，科学研究水平持续提升。从科技创新成果来看，整个中西部地

① 杜玉波.总结经验　认清形势　将省部共建工作不断引向深入——在 2014 年省部共建工作研讨会上的讲话[J].中国高等教育，2014(24):4-8.

② 李薇薇.省部共建高校如何做时势所需“小棉袄”[N].中国教育报，2017-10-30(6).

方高校获得的国家自然科学奖项中有 1/4 是省部共建地方高校获得的。[①] 省部共建地方高校科研水平的稳步提升，对于推进区域教育和科技发展，以及加强行业显示度等方面具有重要的战略储备意义。以南京信息工程大学为例，实施共建以来，学校以区域经济社会发展与行业的需求为中心，联外强内，在科学研究方面实现了突破性的进展。具体而言，一是学校服务气象行业能力显著增强，主持气象、水文、海洋等国家公益性行业科研专项 24 项及参与 50 余项，主持气象软科学课题百余项，主持其他气象类科研项目 864 项；二是学校承担科研项目的能力显著提升，获批国家自然科学基金数量较共建前增长了 10 余倍，学校教师荣获国家科学技术进步特等奖等奖项；三是省部级重点科研平台迅速发展，学校的省部级重点实验室数量由 1 个增加到 14 个；四是产学研合作紧密，与地方政府和企业共建了多个研发和产业平台，如为加强大学科技园建设，学校和中国华云集团、江苏北斗研究院、美国 IMSG 公司、芬兰维萨拉公司等单位签署了合作协议，在气象信息、气象装备研发等方面加强合作，还推进了“南京超级云计算中心”“中国科学院云计算中心气象云中心”的组建工作。

第四，社会服务能力迅速加强。省部共建地方高校大大促进了区域经济社会的发展，解决了区域发展面临的种种难题，为地区发展提供了人才支撑、科技支撑和智力支撑。以江西财经大学为例，学校有效对接财政部实时需求，主动提供服务。财政部十分重视网络舆情工作，为此，学校于 2013 年主动与财政部人教司联系，组织申报了“财政网络舆情分析平台项目”，2014 年该项目获得财政部复函同意，更名为“财政大数据分析平台”。2015 年 3 月，在全国“两会”期间和“亚投行”成立阶段，该平台首次实战运行，有效发挥了网络舆情采集和舆情预警分析功能，为财政部提供了及时准确的舆情监测服务，并撰写了具有专业水准的舆情分析报告，得到财政部的高度评价。

---

① 杜玉波.总结经验　认清形势　将省部共建工作不断引向深入——在 2014 年省部共建工作研讨会上的讲话[J].中国高等教育，2014(24)：4-8.

4.1.3 推动区域经济社会发展

省部共建地方高校承担着为区域培养高素质人才、为地方经济社会发展服务的重要使命。近年来，共建高校开展相关科学研究与区域行业紧密契合，投入精力加强区域创新体系的创建，深化区域特色化发展战略，在很大程度上推动了区域经济社会的发展。例如，郑州大学专门成立了“校市、校企合作委员会”，与河南省能源化工集团、平煤神马集团、中铝研究院、郑州机械研究所等200余个大中型研究所和企业达成了校所、校企合作，实现了一批高新技术的研发与应用，有力推动了河南省产业发展；宁夏大学围绕宁夏回族自治区优质粮食、枸杞、草畜、蔬菜、葡萄“一加四”现代化农业产业发展需求，整合学校科技资源，在蔬菜领域，依托农学院、宁夏现代设施园艺工程技术研究中心、宁夏设施农业人才服务有限公司优势，为全区农业企业和基层科技人员提供培训、研发和技术咨询，可以说，宁夏大学全力支持了宁夏现代化农业产业的发展；山西大学以山西经济社会发展需求为导向，主动调整优化学科专业结构，重点建设精细化工、环境工程、电力、经济管理、生态学等区域特色鲜明的应用性学科，培育了生物制药、光电、信息、旅游等新兴学科，增强了与山西省核心支柱产业的学科契合度，对山西核心支柱产业的发展起到了有力的支撑作用。

4.2 地方高校省部共建绩效的定量分析

就上面的分析可以看出，地方高校省部共建工作从整体角度而言对教育资源配置、学校水平提升及区域建设发展都起到了积极的作用。但是不可忽视的是，共建高校的发展基础、共建过程及共建绩效还是存在差异的，因此通过数据定量的方式，从人才培养质量、科学研究水平、社会服务能力及师资队伍、学校资源和社会声誉等方面分析、评估就显得较为重要。根据目前教育发展的综合评价体系，较为权威的是教育部学位中心的学科水平评估，因此本书选取以下 2 个方面进行着重分析：一是站在省部共建地方高校自身发展的角度，基于 2012 年第三轮和 2017 年第四轮学科评估结果，结合共建高校入选“双一流”的情况，定量评估省部共建地方高校 2012—2017 年的学科发展情况；二是把 80 所省部共建地方高校的学科绩效划分为 8 个层次，进一步以省部共建多样性举措为视角，提出共建高校学科绩效差异的影响因素是共建基础、办学定位、共建形式与共建力度。

4.2.1　地方高校省部共建学科绩效评估的思路

2011 年开始，地方高校省部共建工作进入扩展期，呈现共建协议签署密度大、节奏快、效率高的显著特征，各个共建主体在高校的学科建设、人才培养、师资队伍建设、科技创新平台及公共服务体系建设等方面加大了经费投入和工作力度，省部共建的举措也日益多样化。毫无疑问，省部共建工作取得了重要的阶段性成果。然而，关于近年来的共建高校取得的阶段成果尚未得到系统量化的评估，对共建高校学科发展绩效差异的研究也十分缺乏，共建高校近年来的学科发展绩效仍是一个有待进一步探讨的“黑箱”。

高校发展的核心内容是学科建设，引导和促进学科发展是高校建设的重中之重。因此，高校的学科建设水平能够直接反映出高校的综合发展情况。由具有公信力和权威性的教育部学位中心推出的全国高校学科评估结果能够直接量化体现高校的学科建设水平。由于学科评估的指标体系涵盖了高校发展的师资队伍与资源、科学研究水平、人才培养质量、社会服务贡献与学科声誉等 4 个方面，学科评估的结果能够直接折射出高校的综合发展水平。故本书另辟蹊径，以省部共建地方高校在 2 轮学科评估中的结果对比来衡量其 2012—2017 年的学科发展绩效；同时，省部共建地方高校是否入选“双一流”体现了对其优势学科的认同与否。两者共同反映了共建高校学科的总体建设情况。具体研究思路如图 4-1 所示，即根据共建高校学科的总体建设情况来界定共建高校的学科发展绩效，就共建高校的学科发展绩效差异的影响因素进行具体分析。

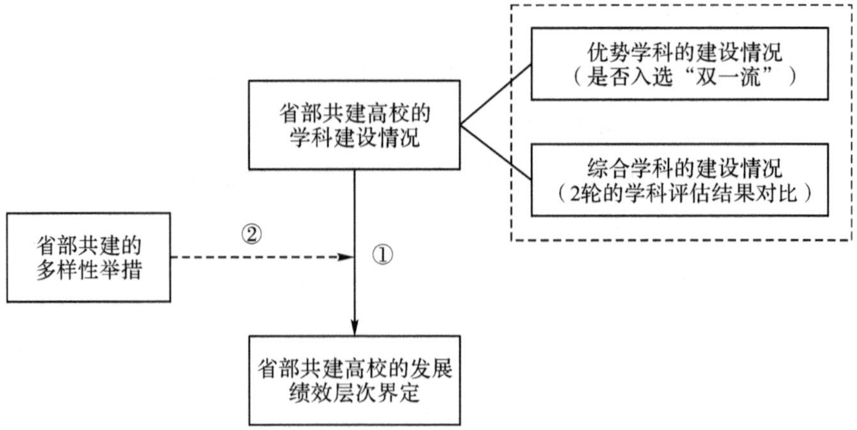

图 4-1　省部共建地方高校的发展思路

4.2.2　地方高校省部共建学科绩效评估的数据分析

评估省部共建地方高校学科绩效的数据主要分为 2 部分：一是教育部学位中心第三、第四轮学科评估中省部共建地方高校的评估结果；二是省部共建地方高校入选“双一流”的情况。前者来自中国学位与研究生教育信息网公布的学科评估结果，后者来自教育部、财政部、国家发改委在 2017 年 9 月 27 日联合发布的《关于公布世界一流大学和一流学科建设高校及建设学科名单的通知》。

第三、第四轮学科评估的结果无法进行直接对比，需对收集的数据进行相应处理。这主要有 2 个方面的原因：一方面，2 轮学科评估结果的公布方式存在差异。第三轮学科评估结果以分数的形式呈现，将参与学科评比的所有高校按最高分到最低分排名，而第四轮学科评估结果以分档方式呈现，具体方法是按“学科整体水平得分”的位次百分位，将前 70%的学科分 9 档公布（A+至 C-）。另一方面，2 轮学科评估的高校和参评学科基数存在差异。第四轮评估中参评学科总数从第三轮的 4235 个增加到了 7449 个，且有 95 个一级学科（不含军事学门类等 16 个学科）的参评高校数均有不同程度的增加。具体而言，主要存在 3 种情况：一是某高校的某学科两轮都参加了评比；二是某高校的某学科第三轮未参评而第四轮参评；三是某高校的某学科第三轮参评而第四轮未参评。其中，第二种情况，由于没有其第三轮的评估数据，难以进行直接对比；第三种情况，由于第四轮评估结果仅仅发布了学科排名在 C 档以前的高校，各学科均有 30％左右的高校信息并未发布，且发布的信息中难以通过对比筛选出第三轮参评但第四轮未参评的高校。

目前，针对两轮学科评估结果的公布方式不一致的问题，基本有 2 种处理方法：一种是模拟分档法，即套用第四轮学科评估的分档规则，将第三轮学科评估的排名结果转换为分档数据进行纵向对比；另一种是排名区间法，即根据第四轮学科评估的分档情况和各档次的高校数量，将每一个分档转换为名次区间，并将名次区间与第三轮的评估结果排名进行模糊对比，判断高校学科排名的位次升降。由于同样的排名位次，在 2 轮学科评估中的分档结果可能存在明显的差异，用以上 2 种方法进行对比，会得到不同的对比结果。其中，以分档替代名次既能在一定程度上避免因微弱分差导致的排名差异，也能减弱对排名的过度解读与过度关注，淡化排名的概念。因此，模拟分档法较排名区间法而言，会得到相对科学合理的结果。

故本书采用模拟分档法，套用第四轮的分档规则将第三轮学科评估结果转为分档数据。就 2 轮学科评估的高校基数差异的问题，为了形成统一对比，本书进行数据的特殊处理。首先，在分档中增设 D 档，将省部共建地方高校在第三轮评估中排名位于末尾 30％的学科计入 D 档。其次，基于“第三轮或第四轮未参评的高校属于在该阶段没有资格参评”的假设，对前文所述 2 轮学科评估基数差异的后两种情况进行特殊处理：一是将第四轮参评（出现在 C－及 C－档之后的学科）而在第三轮未参评的学科在第三轮计入 D 档；二是将第三轮参评而第四轮未参评或出现在 C－档及C－档之后的学科在第四轮评估中计入 D 档。最后，采用积分法（A＋计 18 分、A 计 16 分、A－计 14 分、B＋计 12 分、B 计 10 分、B－计 8 分、C＋计 6 分、C 计 4 分、C－计 2 分、D 计 1 分），计算出省部共建地方高校第三、第四轮的学科评估结果的积分，并相除得到 2012—2017 年共建高校学科积分的增长倍数（保留 2 位小数），具体情况如表 4-2 所示。

表 4-2 省部共建地方高校在第三、第四轮学科评估中的积分情况

序号	学校	2012 年第三轮学科评估结果										第三轮学科积分 X1	2017 年第四轮学科评估结果										第四轮学科积分 X2	增长倍数 X2/X1
		A+	A	A−	B+	B	B−	C+	C	C−	D		A+	A	A−	B+	B	B−	C+	C	C−	D		
1	郑州大学	0	0	0	0	0	0	2	0	11	40	74	0	0	0	7	7	5	11	8	5	10	312	4.22
2	新疆大学	0	0	0	0	0	0	0	1	1	15	21	0	0	0	0	2	5	7	0	2	0	106	5.05
3	云南大学	1	0	0	0	1	0	0	1	0	29	61	1	0	1	2	7	5	6	3	5	0	224	3.67
4	广西大学	0	0	0	0	0	0	0	0	0	40	40	0	0	0	0	2	6	8	7	4	11	163	4.08
5	内蒙古大学	1	0	0	0	0	0	1	1	2	24	56	0	0	0	0	4	5	2	1	3	13	115	2.05
6	石河子大学	0	0	0	0	0	0	0	0	0	19	19	0	0	0	0	0	2	1	4	5	7	55	2.89
7	西藏大学	0	0	0	0	0	0	0	0	0	12	12	0	0	0	0	0	0	0	0	0	12	12	1.00
8	宁夏大学	0	0	0	0	0	0	0	0	0	8	8	0	0	0	0	0	2	2	0	4	0	36	4.50
9	青海大学	0	0	0	0	0	0	0	0	1	7	9	0	0	0	0	0	1	0	1	1	5	19	2.11
10	南昌大学	0	0	0	0	1	0	0	0	0	27	37	0	1	0	0	0	10	7	5	5	0	168	4.54
11	贵州大学	0	0	0	0	0	0	0	0	0	18	18	0	0	0	1	0	4	3	6	4	0	94	5.22
12	山西大学	0	0	0	0	0	0	3	2	3	21	53	0	0	0	1	5	8	7	5	2	1	193	3.64
13	延安大学	0	0	0	0	0	0	0	0	0	2	2	0	0	0	0	0	0	0	1	1	0	6	3.00
14	延边大学	0	0	0	0	0	0	2	0	0	12	24	0	0	0	1	0	1	1	3	3	6	50	2.08
15	河北大学	0	0	0	0	0	0	2	0	3	27	45	0	0	0	0	2	6	6	5	7	5	143	3.18

续　表

序号	学校	2012 年第三轮学科评估结果										第三轮学科积分 X1	2017 年第四轮学科评估结果										第四轮学科积分 X2	增长倍数 X2/X1
		A+	A	A−	B+	B	B−	C+	C	C−	D		A+	A	A−	B+	B	B−	C+	C	C−	D		
16	湘潭大学	0	0	0	0	0	0	0	2	4	14	30	0	0	0	3	3	3	6	5	0	3	149	4.97
17	井冈山大学	0	0	0	0	0	0	0	0	0	0	0	0	0	0	0	0	0	0	0	0	0	0	0
18	海南大学	0	0	0	0	0	0	0	0	0	18	18	0	0	0	0	2	0	3	4	5	4	68	3.78
19	河南大学	0	0	0	0	0	0	1	5	4	31	65	0	0	0	3	3	8	6	4	6	11	205	3.15
20	西北师范大学	0	0	0	0	0	0	1	0	3	18	30	0	0	0	1	2	6	5	0	0	8	118	3.93
21	西北大学	0	0	0	0	2	1	4	6	3	20	102	1	0	1	5	9	1	4	1	4	10	236	2.31
22	浙江工业大学	0	0	0	0	0	0	1	1	4	19	37	0	0	1	2	5	2	5	5	0	5	159	4.30
23	南京审计大学	0	0	0	0	0	0	0	0	0	3	3	0	0	0	0	1	0	1	0	1	0	18	6.00
24	天津职业技术师范大学	0	0	0	0	0	0	0	0	0	5	5	0	0	0	0	0	0	0	0	3	1	7	1.40
25	东北财经大学	0	0	0	0	0	3	0	0	1	4	30	0	1	2	1	2	0	0	1	0	1	81	2.70
26	江西财经大学	0	0	0	0	0	0	0	0	0	9	9	0	0	2	1	3	1	1	0	1	0	86	9.56
27	南京信息工程大学	1	0	0	0	0	0	0	0	0	11	29	1	0	0	0	1	3	3	1	3	0	80	2.76
28	汕头大学	0	0	0	0	0	0	0	0	0	9	9	0	0	0	0	0	0	3	6	0	0	42	4.67
29	山东财经大学	0	0	0	0	0	0	0	0	0	8	8	0	0	0	2	0	2	1	2	1	0	56	7.00

续 表

序号	学校	2012 年第三轮学科评估结果										第三轮学科积分 X1	2017 年第四轮学科评估结果										第四轮学科积分 X2	增长倍数 X2/X1
		A+	A	A−	B+	B	B−	C+	C	C−	D		A+	A	A−	B+	B	B−	C+	C	C−	D		
30	宁波大学	0	0	0	0	0	0	0	1	1	20	26	0	0	0	0	2	3	3	4	2	8	90	3.46
31	福州大学	0	0	0	0	0	0	1	1	5	25	45	0	0	1	2	4	5	4	6	2	8	178	3.96
32	西南政法大学	0	0	0	0	1	0	0	0	1	7	19	0	1	0	0	0	0	2	3	3	0	46	2.42
33	江西师范大学	0	0	0	0	0	0	0	0	0	15	15	0	0	1	0	1	4	4	4	1	0	98	6.53
34	福建师范大学	0	0	0	0	0	2	3	1	2	20	62	0	0	3	2	4	6	6	3	2	2	208	3.35
35	黑龙江大学	0	0	0	0	1	0	1	1	1	15	37	0	1	0	1	4	1	2	4	6	0	116	3.14
36	北京电影学院	0	0	0	0	0	0	0	0	0	3	3	0	0	1	1	0	1	0	0	0	0	34	11.33
37	上海大学	0	0	0	0	1	1	3	7	7	24	102	0	0	2	7	11	5	6	4	1	7	323	3.17
38	江西理工大学	0	0	0	0	0	0	0	0	0	7	7	0	0	0	0	0	0	1	1	5	0	20	2.86
39	湖北大学	0	0	0	0	0	0	1	2	0	16	30	0	0	0	0	1	3	3	7	4	1	89	2.97
40	安徽大学	0	0	0	0	0	0	0	3	5	16	38	0	0	0	0	7	5	4	4	4	0	158	4.16
41	西南科技大学	0	0	0	0	0	0	0	0	0	7	7	0	0	0	0	0	1	2	1	1	2	28	4.00
42	武汉科技大学	0	0	0	0	0	0	1	0	3	15	27	0	0	0	0	5	1	3	4	2	4	100	3.70
43	云南师范大学	0	0	0	0	0	0	0	0	2	21	25	0	0	0	1	0	1	2	4	7	8	70	2.80
44	安徽师范大学	0	0	0	0	0	0	0	1	0	15	19	0	0	0	0	2	3	4	4	3	1	91	4.79

续　表

序号	学校	2012 年第三轮学科评估结果										第三轮学科积分 X1	2017 年第四轮学科评估结果										第四轮学科积分 X2	增长倍数 X2/X1
		A+	A	A−	B+	B	B−	C+	C	C−	D		A+	A	A−	B+	B	B−	C+	C	C−	D		
45	山东师范大学	0	0	0	0	0	0	1	4	0	16	56	0	0	0	3	4	6	2	1	1	8	150	2.68
46	济南大学	0	0	0	0	0	0	0	1	0	15	19	0	0	0	0	1	2	4	4	5	0	76	4.00
47	首都师范大学	1	0	0	1	0	2	6	2	1	11	103	0	0	5	6	3	3	2	2	1	2	220	2.14
48	江苏师范大学	0	0	0	0	0	0	0	0	1	25	27	0	0	0	0	2	3	4		3	14	88	3.26
49	河北工业大学	0	0	0	0	0	0	0	0	0	14	14	0	0	0	1	4	2	4	1	2	0	100	7.14
50	河北师范大学	1	0	0	0	0	0	1	1	2	14	46	0	0	0	0	4	3	5	3	4	0	114	2.48
51	燕山大学	0	0	0	0	0	0	1	1	2	14	28	0	0	1	1	3	3	3	1	6	0	114	4.07
52	沈阳航空航天大学	0	0	0	0	0	0	0	0	0	14	14	0	0	0	0	0	2	0	5	2	5	45	3.21
53	华南师范大学	1	0	0	0	1	2	1	4	4	9	83	1	0	3	2	3	7	3	1	1	1	195	2.35
54	广西师范大学	0	0	0	0	0	0	0	1	1	17	23	0	0	0	1	2	3	3	1	6	4	94	4.09
55	石家庄铁道大学	0	0	0	0	0	0	0	0	0	6	6	0	0	0	1	0	0	1	2	2	0	30	5.00
56	贵州师范大学	0	0	0	0	0	0	0	0	0	8	8	0	0	0	0	1	1	2	2	2	0	42	5.25
57	云南民族大学	0	0	0	0	0	0	0	0	0	4	4	0	0	0	0	1	1	0	0	2	0	22	5.50
58	河南师范大学	0	0	0	0	0	0	0	0	0	16	16	0	0	0	0	3	2	4	4	3	0	92	5.75
59	南京师范大学	1	0	0	1	1	2	3	5	2	12	110	0	2	4	5	4	7	0	2	1	5	259	2.35

续 表

序号	学校	2012 年第三轮学科评估结果										第三轮学科积分 X1	2017 年第四轮学科评估结果										第四轮学科积分 X2	增长倍数 X2/X1
		A+	A	A−	B+	B	B−	C+	C	C−	D		A+	A	A−	B+	B	B−	C+	C	C−	D		
60	伊犁师范学院	0	0	0	0	0	0	0	0	0	0	0	0	0	0	0	0	0	0	0	0	0	0	0
61	河北农业大学	0	0	0	0	0	0	1	1	3	13	29	0	0	0	0	0	5	4	3	1	5	83	2.86
62	安徽医科大学	0	0	0	0	0	0	0	1	2	5	13	0	0	0	0	2	1	2	1	3	0	50	3.85
63	扬州大学	0	0	0	0	0	1	1	4	1	26	58	0	0	1	0	5	2	4	6	7	8	150	2.59
64	南京医科大学	0	0	0	1	0	1	2	1	0	1	37	1	0	0	4	1	0	0	0	0	0	76	2.05
65	温州医科大学	0	0	0	0	0	0	0	0	0	8	8	0	0	0	0	0	2	2	2	2	0	40	5.00
66	天津医科大学	0	0	0	0	0	0	0	1	4	3	15	0	0	0	1	3	3	1	0	0	0	72	4.80
67	哈尔滨医科大学	1	0	0	0	0	1	1	1	2	3	43	0	0	1	2	3	3	0	0	0	0	92	2.14
68	重庆医科大学	0	0	0	0	0	0	1	2	2	4	22	0	0	0	1	0	3	1	1	0	2	48	2.18
69	浙江工商大学	0	0	0	0	0	1	0	1	2	12	28	0	0	1	2	2	2	2	3	0	4	102	3.64
70	海南师范大学	0	0	0	0	0	0	0	0	0	5	5	0	0	0	0	0	1	3	0	1	0	28	5.60
71	中国医科大学	1	0	0	0	0	0	0	5	1	0	40	0	0	0	1	5	1	0	0	0	0	70	1.75
72	首都医科大学	0	0	0	0	1	0	2	1	3	7	39	0	0	2	3	2	1	1	1	1	1	105	2.69
73	中国美术学院	1	0	0	0	1	2	0	0	0	0	44	2	0	1	1	0	0	0	0	0	0	62	1.41
74	南方医科大学	1	0	0	0	1	0	1	1	2	4	46	0	0	0	3	4	0	0	0	2	1	81	1.76

续　表

序号	学校	2012 年第三轮学科评估结果										第三轮学科积分 X1	2017 年第四轮学科评估结果										第四轮学科积分 X2	增长倍数 X2/X1
		A+	A	A−	B+	B	B−	C+	C	C−	D		A+	A	A−	B+	B	B−	C+	C	C−	D		
75	河北医科大学	0	0	0	0	0	0	0	0	0	7	7	0	0	0	0	0	4	1	0	2	0	42	6.00
76	宁夏医科大学	0	0	0	0	0	0	0	0	0	2	2	0	0	0	0	0	0	1	1	0	0	10	5.00
77	新疆医科大学	0	0	0	0	0	0	0	0	0	7	7	0	0	0	0	0	1	1	3	1	0	28	4.00
78	兰州理工大学	0	0	0	0	0	0	1	0	0	17	23	0	0	0	0	1	3	1	1	1	11	57	2.48
79	内蒙古医科大学	0	0	0	0	0	0	0	0	0	1	1	0	0	0	0	0	0	0	0	1	0	2	2.00
80	浙江中医药大学	0	0	0	0	0	0	1	1	0	5	15	0	0	0	0	2	1	2	0	1	0	42	2.80

资料来源:作者自己整理。

数据的进一步处理如下。首先，求得共建高校 2 轮学科评估积分的增长倍数的平均数为 3.68，以增长倍数的平均数 3.68 为分界线，将共建高校的综合学科建设速度分为 2 档：学科评估积分的增长倍数≥3.68 的高校（共计 36 所）和学科评估积分的增长倍数<3.68 的高校（共计 44 所）。其次，分别求得学科评估积分的增长倍数≥3.68 的 36 所共建高校的学科积分的增长倍数的平均数为 5.15，学科评估积分的增长倍数<3.68 的 44 所共建高校的学科积分的增长倍数的平均数为 2.48。进而将共建高校的综合学科建设速度划分为 4 档：增长倍数≥5.15，3.68≤增长倍数<5.15，2.48≤增长倍数<3.68，增长倍数<2.48。最后，结合共建高校入选“双一流”的情况，构建学科绩效划分标准如表 4-3 所示，再根据该表将共建高校的学科发展绩效划分为 8 档，80 所共建高校对应的学科发展绩效如表 4-4 所示。

表 4-3 地方高校省部共建的学科绩效划分标准表

序号	增长倍数	入选“双一流”情况	
		入选“双一流”	没有入选“双一流”
1	增长倍数≥5.15	A_1:顶实综合发展型	A_2:顶实持续发展型
2	3.68≤增长倍数<5.15	B_1:增实综合发展型	B_2:增实持续发展型
3	2.48≤增长倍数<3.68	C_1:深化优势发展型	C_2:积聚优势发展型
4	增长倍数<2.48	D_1:缓慢积淀发展型	D_2:磨合探索发展型

资料来源:作者自己整理。

表 4-4 80 所地方高校省部共建学科绩效对应表

序号	发展模式	学校
1	A_1:顶实综合发展型	2 所:贵州大学、河北工业大学
2	A_2:顶实持续发展型	10 所:南京审计大学、江西财经大学、山东财经大学、江西师范大学、北京电影学院、贵州师范大学、云南民族大学、河南师范大学、海南师范大学、河北医科大学
3	B_1:增实综合发展型	8 所:郑州大学、新疆大学、宁夏大学、南昌大学、海南大学、福州大学、安徽大学、天津医科大学

续　表

序号	发展模式	学校
4	B_2：增实持续发展型	16 所：广西大学、湘潭大学、西北师范大学、浙江工业大学、汕头大学、西南科技大学、武汉科技大学、安徽师范大学、济南大学、燕山大学、广西师范大学、石家庄铁道大学、安徽医科大学、温州医科大学、宁夏医科大学、新疆医科大学
5	C_1：深化优势发展型	6 所：云南大学、石河子大学、河南大学、南京信息工程大学、宁波大学、上海大学
6	C_2：积聚优势发展型	19 所：山西大学、延安大学、河北大学、东北财经大学、福建师范大学、黑龙江大学、江西理工大学、湖北大学、云南师范大学、山东师范大学、江苏师范大学、河北师范大学、沈阳航空航天大学、河北农业大学、扬州大学、浙江工商大学、首都医科大学、兰州理工大学、浙江中医药大学
7	D_1：缓慢积淀发展型	9 所：内蒙古大学、西藏大学、青海大学、延边大学、西北大学、首都师范大学、华南师范大学、南京师范大学、中国美术学院
8	D_2：磨合探索发展型	10 所：井冈山大学、天津职业技术师范大学、西南政法大学、伊犁师范学院、南京医科大学、哈尔滨医科大学、重庆医科大学、中国医科大学、南方医科大学、内蒙古医科大学

资料来源：作者自己整理。

4.2.3　地方高校省部共建学科绩效的差异分析

由前文中的数据结果可知，80 所共建高校在 2012—2017 年期间均取得了不同程度的共建成效。对隶属不同学科发展绩效层次的共建高校的性质与多样性共建举措进行归纳分析，发现主要存在 4 个维度的特征差异，即共建基础、办学定位、共建形式及共建力度。

1）共建基础

共建时间、高校类型、空间区域及其他属性等 4 个方面的特征为共建高校的“共建特征”。通常，共建时间越长的高校，其共建工作越成熟，共建基础也就越坚实。从共建高校的类型来看，80 所省部共建高校涵盖了财经、理工、民族、师范、医药、艺术、农林、政法及综合等9种类型的高校，不同类型的高校有其不同的特色优势。就共建高校的空间分布而言，与省部共建政策的发展沿革和战略部署有关，省部共建早期的共建对象主要是位于中西部地区的地方高校，近年来共建重心才逐渐转移到东部地区的地方高校。相较于中西部地区的高校，东部地区的地方政府财政投入相对较大，因而东部高校的发展基础一般较好。其他属性是区别于“省部共建地方高校”和“双一流”的属性，体现了共建高校发展的历史积淀。综观80所共建高校的属性，其他属性主要包括“211工程”“2011计划”“中西部高校基础能力建设工程”“中西部高校综合实力提升工程”“卓越法律人才教育培养计划”“卓越工程师教育培养计划”“卓越农林人才教育培养计划”“卓越医生教育培养计划”“高等学校学科创新引智计划”“省属重点大学”等。以上4个共建高校的基本特征在一定程度上可以视作省部共建地方高校2012—2017年间的学科发展起点或基础，共建高校不同的发展基础会影响其在2012—2017年间的发展方向和资源配置，进而影响省部共建的具体成效。

2)办学定位

办学定位越明确、全面，与省部共建目标联系越紧密的共建高校的共建成效越显著。高校的办学定位与学校的发展路径选择、角色定位及办学特色有很大关系，在一定程度上影响着学校在教育系统中的作用和地位及学校各项功能的发挥，是学校拟定发展规划、方针政策，制订各项制度的理论依据，也是学校朝着正确方向健康、稳定、持续发展的根本保证。① 高校的办学定位主要涵盖了目标定位、类型定位、学科定位、服务方向定位和办学特色定位等。② 肩负特殊使命的省部共建地方高校的办学定位应当结合省部共建工作的特点，特别是关于建设目标、服务面向

① 李化树.论大学办学定位[J].现代教育科学(高教研究),2003(3):31-33.

② 山西大学省部共建办公室,发展规划处,高等教育研究所.省部共建高校战略发展研究[M].太原:山西教育出版社,2008.

与发展特色的定位，要紧密结合省部共建的工作目标，以充分展现省部共建的特色。省部共建的工作目标旨在促进省部共建高校各项事业的改革与发展，促进共建高校不断提高教育质量和科研水平，成为具有鲜明地方特色的高素质人才培养、科学研究和高新技术成果转化的重要基地。80 所共建高校都有各自的办学定位，但与省部共建工作目标的结合程度不一。

3)共建形式

当前共建高校的类型依据共建主体划分为以中央为主与地方共建型和以地方为主与中央共建型。无论哪种共建高校类型或模式，目的只有一个，就是将中央部门与地方条块各自办学转变为共同办学，调动中央和地方的积极性，共同把高校办好，从而提升我国高等教育整体水平和综合竞争力。

本书主要分析的是教育部参与共建的地方高校，按照教育部参与共建的方式可以将共建形式划分为省部共建、省部部（委）共建、省部市共建、省部企（社会组织）共建和部省合建等形式。省部共建，即仅有教育部、省级政府参与高校的共建；省部部（委）共建，即教育部、省级政府与行业部委共同参与高校的共建；省部企（社会组织）共建，即教育部、省级政府与企业或社会组织共同参与高校的共建。通过案例分析发现，省部部（委）共建、省部企（社会组织）共建形式与高校的历史沿革有一定关系，如省部部（委）共建的高校历史上大多隶属于相应的行业部委，与其共建相当于“回归”行业部委的怀抱，历史上形成的合作默契在一定程度上将有助于更好地发挥共建作用。

近年来，新增的省部共建高校多为后两种共建形式，这说明社会各方参与地方高校共建的热情日益高涨。然而，这对共建高校来说是一把双刃剑，社会各方积极参与高校共建工作的热烈氛围一方面有利于促进资源共享，另一方面，由于多方主体参与共建增加了共建工作的协调难度，容易出现责任不清、推诿扯皮等问题。因此，不同共建形式下的共建协调度也是影响共建高校发展的重要因素。

4)共建力度

共建主体的共建力度是影响共建高校学科发展绩效最关键的因素之一，共建力度可以进一步细分为高校自身的共建力度和其他共建主体（教育部、省级政府、参与共建的行业部委、企业或社会组织）对共建高校发展的支持和投入力度。

通过案例研究发现，共建高校自身对“被动支持”与“主动建设”，持有一个基本的态度和行动取向，并采用系列行为来体现其共建力度。被动支持是指共建高校因省部共建政策战略布局需要而被推荐纳入省部共建高校队伍行列，其共建积极性相对较低，且“等、靠、要”思想相对严重，坐等国家和省级政府的投入，共建步伐相对缓慢；主动建设是指高校积极主动争取外部资源并有效整合内部资源进行自身的发展建设，其共建积极性较高，发展速度相对较快。共建高校可能同时存在被动支持与主动建设的行动取向，只是两者的倾向程度存在差异，共建高校在被动支持与主动建设的倾向程度上的比较关系构成一条“关系连续谱”。当共建高校主动建设的倾向程度越高，其对自身的建设力度自然也就越强。

类似地，其他共建主体对共建高校的建设力度可以分为“统筹发展”和“重点扶持”两极。统筹发展是指教育部、省级政府、参与共建的行业部委、企业或社会组织仅对共建高校的发展规划进行宏观指导，而缺乏对高校发展的实质性支持；重点扶持是指其他共建主体有针对性地对共建高校的发展做出指导，就经费、政策等方面给予大力支持。其他共建主体对共建高校也可能同时存在统筹发展与重点扶持的行动取向，只是两者的倾向程度存在差异，共建高校在统筹发展与重点扶持的倾向程度上的比较关系也同样构成了一条“关系连续谱”。当其他共建主体重点扶持的倾向程度越高，其对共建高校的建设力度自然也就越强。

表 4-5 对 8 个层次学科绩效的共建高校的四维结构和主要特征进行了概括。

表 4-5　8 个层次学科绩效的共建高校的四维结构与主要特征

序号	主要特征	发展模式			
		共建基础	办学定位	共建形式	共建力度
1	顶实综合发展型	坚实的共建基础，综合实力较强，均为“211”高校，入选多项国家重点计划	定位意识非常强，全面明确的目标、服务面向、发展特色等定位，与省部共建的工作目标紧密结合	省部共建；共建主体能够高效协调共建工作	共建力度非常强：共建高校主动建设的力度很大；其他共建主体统筹发展和重点扶持并重
2	顶实持续发展型	较强的共建基础，多为行业特色院校，具有较强的特色优势，非“211”高校，入选多项国家重点计划	定位意识非常强，全面明确的目标、服务面向、发展特色等定位，与省部共建的工作目标紧密结合	省部共建与省部部(委)共建兼有，以省部部(委)共建为主；共建主体能够有效协调共建工作	共建力度非常强：共建高校主动建设的力度很大；其他共建主体统筹发展和重点扶持并重
3	增实综合发展型	较强的共建基础，多为综合型院校，“211”高校，入选多项国家重点计划	定位意识较强，较为全面明确的目标、服务面向、发展特色等定位，能与省部共建的工作目标结合	省部共建与省部部(委)共建兼有，以省部共建为主；共建主体能够有效协调共建工作	共建力度较强：共建高校主动建设的积极性较强；其他共建主体以统筹发展为主，重点扶持的力度持续加强
4	增实持续发展型	较强的共建基础，多为行业特色型院校，特色优势日益彰显，非“211”高校，入选多项国家重点计划	定位意识较强，较为全面明确的目标、服务面向、发展特色等定位，能与省部共建的工作目标结合	省部共建与省部部(委)共建兼有，以省部部(委)共建为主；共建主体能够有效协调共建工作	共建力度较强：共建高校主动建设的积极性较强；其他共建主体以统筹发展为主，重点扶持的力度持续加强
5	深化优势发展型	具有一定的共建基础，综合型与行业型兼有，有一定的特色优势，部分为“211”高校，有入选国家重点计划	具有一定的定位意识，相对明确的目标、服务面向、发展特色等定位，能与省部共建的工作目标结合	省部共建与省部部(委)共建兼有；共建主体能够有效协调共建工作	具有一定的共建力度；共建高校具有一定的主动建设积极性；其他共建主体以统筹发展为主，重点扶持力度持续加强
6	积聚优势发展型	具有一定的共建基础，综合型与行业型兼有，有一定的特色优势，非“211”高校，有入选国家重点计划	具有一定的定位意识，相对明确的目标、服务面向、发展特色等定位，在一定程度上能与省部共建的工作目标结合	省部共建与省部部(委)共建兼有，以省部部(委)共建为主；共建主体能够基本协调共建工作	具有一定的共建力度：共建高校具有一定的主动建设积极性；其他共建主体以统筹发展为主，重点扶持力度持续加强

续 表

序号	主要特征	发展模式			
		共建基础	办学定位	共建形式	共建力度
7	缓慢积淀发展型	共建基础相对薄弱,综合型与行业型兼有,有一定的特色优势,部分为"211"高校,少数入选国家重点计划	定位意识较弱,相对模糊的目标、服务面向、发展特色等定位,办学定位与省部共建的工作目标结合不紧密	省部共建与省部部(委)共建兼有,以省部共建为主;共建主体能够基本协调共建工作	共建力度相对较弱:共建高校以被动支持为主,具有一定的主动建设积极性;其他共建主体以统筹发展为主,重点扶持力度不稳定
8	磨合探索发展型	共建基础较为薄弱,综合型与行业型兼有,以行业型院校为主,有一定的特色优势,非"211"高校,少数入选国家重点计划	定位意识较弱,相对模糊的目标、服务面向、发展特色等定位,办学定位与省部共建的工作目标结合不紧密	省部共建与省部部(委)共建兼有,以省部部(委)共建为主;共建主体的共建工作的协调性相对较差	共建力度很弱:共建高校以被动支持为主;其他共建主体以统筹发展为主,较少进行重点扶持

资料来源:作者自己整理。

4.3 地方高校省部共建存在的问题

地方高校省部共建是我国特有的高等教育发展创新策略，在推动地方高校与地方经济社会协调发展过程中起到了积极的作用，但是作为一项持久性的政策，其始终存在持续优化的空间。 只有不断挖掘现实发展中存在的问题，厘清背后的逻辑和影响路径，才能保障制度创新的活力和价值。 因此，本书立足地方高校省部共建十几年来的发展历程，在前述章节分析内容的基础上，尝试性地总结和分析目前地方高校省部共建存在的问题和影响，进而为后期共建系统构建提供现实导向。

4.3.1 地方高校省部共建存在的主要问题

1)地方高校省部共建的目标不够明确

从省部共建工作开展十几年来的发展态势来看，省部共建缺乏宏观调控和统筹规划，对于省部共建的目标没有明确的评价体系，共建多少，共建到什么程度都缺乏清晰的导向。教育部与各省级政府在 2004—2010 年期间，共建了 22 所地方高校，基本坚持了 2004 年教育部确立的“依据‘一省一所’的原则，与中西部无教育部直属高校的省份共建一所地方高校”的方针，就空间布局而言，则覆盖了所有无教育部直属高校的中西部省（自治区、新疆生产建设兵团）。此后，于 2010 年停滞 1 年后，在 2011—2017 年间，省部共建工作可谓多头并进，蔚为壮观，近 7 年间井喷式增长了 58 所省部共建地方高校，数量是原先的 2.6 倍多，无论是从院校的区域分布选取还是从院校的性质来看，与原先相比，其共建对象选择的范围都有大幅度的扩大。显然，教育部不再拘泥于最初制定的方针，不断拓展省部共建工作的外延。省部共建工作全面开花、广撒种子，已然成为地方高校提高自身声誉、助力自身发展的“阳关道”。

然而，由于省部共建地方高校数量的不断增长，原本就有限的政策资源被不断地稀释，随着政策红利的逐渐减少，对于是否仍坚持省部共建，部分学校心存疑惑。就国家层面来看，省部共建工作的扩大实则打破了原先的统筹规划，与“211 工程”“985 工程”相比，省部共建宏观调控不足、长效管理缺乏等问题日益突显。此外，省部共建工作还使得省内高等资源集聚的优点和缺点并存，如果不从国家层面进行统筹规划，无疑会造成高等教育资源短缺和浪费的问题、地方高校发展的异化和同质化问题并出的状况，使省部共建工作成为制约地方高校发展的新瓶颈。①

2)地方高校省部共建的机制不够健全

高等教育改革持续推进给地方高校省部共建政策带来很强烈的冲击，和先前相比较，不管是在效率、节奏还是在密度政策扩展上，共建的主体都表现出多样化。然而，在省部共建新阶段，地方高校省部共建工作逐渐显露出了徘徊不前的局面，这主要是地方高校省部共建机制不够健全造成的，很多政策难以落地。

---

① 陈栋.论高校“省部共建”的现状与路向[J].高校教育管理,2016(6):101-105.

从纵向来看，省部共建的各要素主体如果协作相对顺利，保证了共建资金的及时到位，将推动这种协作延续进行。其中，教育部作为这一举措的出台者，会积极促成这一举措的落实和实施，同时最大限度地为教育争取更多的建设资金。但是，其中存在一个非常突出的问题，就是省级政府的配套资金问题，大多数共建高校所属的省级政府目前均未配套省部共建资金。由于这涉及省级政府自身的资金分配问题，在省级政府资金有限的情况下，省部共建资金如何筹措会成为一个困扰性难题，省级政府可能会因此减省这一环节。

从横向来看，各要素协作不具备行政负责的力量。省级各行政部门的横向协调中，各部门为减少工作负担，不想主动参与，相互协调存在较大的困难。第一，教育部与财政部、国家发改委等其他部委进行协调前需要相互沟通、协商，达成共识，省部共建才能获得经费扶持。这样便增加了省部共建经费下达等工作的不确定性，可能使共建高校建设的持续性受到影响，有效建设期也会与计划建设期不符，从而增加了验收、评估的不确定性。第二，在协调共建高校与地方需求的结合方面，始终缺乏有效的途径。从省级政府层面来看，目前通常由财政厅负责组织省部共建项目的申报，与教育厅、省发改委的配合较少，对如何做好教育资源配置与地方需求的有机结合缺少全面的把握；从共建高校自身来看，学校为了自身利益，只需要尽可能地争取更多的建设资金。

此外，从省部共建协议来看，国家部委和省级政府对地方高校共建的目的是促使共建高校在我国高等教育发展的总体战略下，合理配置自身资源，提高管理效益，为地方经济、社会、文化发展发挥出重要作用。① 但是，就目前的省部共建各要素实际操作来看，存在以下问题。第一，依靠行政力量有效地推进协作的施行有限。第二，各共建高校为了自身占有更多资源，积极争取共建资金，但对内涵建设方面重视不足，甚至出现简化。第三，各横向参与单位处于非主管的角色，对省部共建缺乏热情，未

---

① 山西大学省部共建办公室，发展规划处，高等教育研究所. 省部共建高校战略发展研究[M]. 太原：山西教育出版社，2008.

能积极参与，进一步弱化了对省部共建高校的管理，也限制了省部共建作用的进一步发挥。

3)地方高校省部共建的策略不够清晰

从现有的地方高校省部共建的管理情况来看，共建高校的共建主体管理权限模糊的问题较为严重。省部共建政策的实施旨在调动教育部（行业部委）、省级政府和高校各方积极性，然而因为模糊契约所带来的较低法律效益，使得对参与共建主体管理权限的界定是模糊的。从表面上来看，共建高校所在的共建部委及省级政府应该作为省部共建的责任主体，但是实际上，共建方对地方高校省部共建的工作仅仅承担指导和督促的责任。从现有的教育部与地方省级政府签订的大部分省部共建协议文本来看，教育部对地方高校省部共建的主要责任是对地方高校省部共建改革、发展、建设等方面给予更多的指导和扶持；省部共建协议明确了地方省级政府的权利和义务是强化对地方高校省部共建的领导作用，集中精力办好大学，在经费、政策等方面予以大力支持，从而促进大学改革的同时营造一个良好的办学环境。由此可以看出，省部共建工作由上述双方共同主导，但在责任的界定上则侧重支持与指导，这就反映了省部共建的责任主体实际上还是共建高校本身，共建方案的签订由没有参与制订共建协议的高校来负责，这会引起责任主体的混乱。并且，省部共建主体日益多元化，如共建主体最多的武汉科技大学的共建方多达 8 个（湖北省政府、教育部和宝钢、鞍钢、武钢、首钢、中国冶金科工集团、中钢 6 家特大型企业），从管理学的角度来看，责任主体越多，权责划分清晰度就越低，越容易出现扯皮推诿现象，影响决策和执行的效率。

4.3.2　地方高校省部共建存在问题的影响

1)自由发挥,缺乏目标共识,导致结果差强人意

从目前省部共建工作开展状况来看，省部共建工作没有规定相应的违约责任和考核目标，共建工作成了一种锦上添花的边缘化工作，共建高校任何的发展都可以说是共建工作取得的结果，共建工作的建设目标难以具体量化，共建高校在发展中遇到的瓶颈也很难找到明确、有效的解决方法。另外，由于不存在具体的考核目标，无法明确建设的具体行为和计划，就很难去界定明确的监管任务和监管方式。然而，在我国现有的政治体制下，那些在没有监管体系下的政府行为难逃被边缘化的命运，最终就不了了之了。此外，由于当前省部共建工作缺乏必要的过程监控、考核评价的奖惩激励等措施，部分高校为了获得国家和省级政府支持，竞相争取省部共建，而一旦入围便失去进一步主动建设的动力，地方高校“等、靠、要”思想严重，坐等国家和省级政府的投入，这显然与省部共建的本意相违。①

2)多头管理,实施机制泛化,导致治理主体缺位

省部共建是一个涉及多方协作的过程。目前，政府各部门之间、政府与高校之间、高校内部之间的协作不畅、效率不高问题逐渐显露，严重制约着省部共建效益的进一步提升。从宏观层面来看，参与省部共建的要素主要有省级政府、教育部（行业部委）、地方高校三者。其中，地方高校依然为省属高校，而非教育部直属高校，其管理以省级政府为主，教育部（行业部委）为辅，教育部（行业部委）在共建中发挥辅助、支持、协调作用，共建高校为具体执行者，承担着具体的建设任务。省部共建在教育部（行业部委）、省级政府、共建高校 3 个宏观层面要素的基础上，同时存在着许多微观层面的要素，主要包括：教育部与财政部、国家发改委等其他部委的协调，学校内部各部门之间的协作，等等。可以说，宏观层面的要素注重对纵向关系的分析，微观层面的要素则注重对横向关系的分析。每一个部门因为自身的角色不同，在参与共建工作时的主动性也有所不同，甚至会因保护部门的利益及减少工作负担等出现被动消极参与的局面，从而导致主体缺位。②

---

① 李兴国.省部共建地方高校特征分析及前景展望[J].重庆高教研究，2016(1)：60-64.

② 山西大学省部共建办公室，发展规划处，高等教育研究所.省部共建高校战略发展研究[M].太原：山西教育出版社，2008.

3)策略不足,进程容易受挫,导致动力难以持续

地方高校省部共建除了宏观调控和统筹规划方面存在不足，在具体共建工作开展过程中，也存在相关部门对共建高校的建设力度不一致的问题，这主要体现在 3 个层面。其一，共建高校与教育部直属高校因身份不同而受到差别待遇。名义上，省部共建是指教育部、省级政府及部分国家行业部委共同建设。实际上，一些地方高校跨进省部共建的门槛后，在重点学科建设、高层次人才队伍建设、重大科研项目投入等方面尚未获得国家政策上的支持和额外的经费投入；省部共建地方高校在高端人才引进、平台建设、科研立项、经费来源、研究生招生指标等多方面与教育部直属高校还相差甚远，省部共建缺乏实质性内容。其二，不同共建高校之间的共建工作落实情况的差异性较大，特别是国家行业部委参与的地方行业特色高校的共建情况很不平衡，相关部门对省部共建工作的重视程度不同。有些共建高校与国家行业部委一直以来都维持着良好的合作关系，这些高校凭借省部共建这个平台获得了更多的资源及项目的支持，能够有力支撑高校自身办学水平和层次的提升；而有些高校在共建部门争取到的资源，不足以推动学校获得更大的发展。其三，目前，仅有少数省部共建地方高校（如“211”院校）与区域、相关行业的产学研结合层次较高，大多数共建高校与区域、相关行业的产学研结合层次不高，以散兵作战和“点对点”的合作方式为主，在合作中以开发、生产、咨询、顾问等浅层次的协作为主，现有的科技成果、专利授权等与区域、相关行业的需求存在一定的差距，科技成果转化效率有待进一步提升。①

4.3.3　Z 大学省部共建存在的问题案例解析

Z 大学（此处将学校及有关方面匿名处理，下同）作为教育部、国家部委与 Z 省共建的地方高校，在共建过程中也存在上述分析的各种问题，进而在共建的预期绩效上有很大的进步空间，具体而言包括以下 3 个方面。

---

① 高树仁.行业划转院校省部共建模式研究[M].沈阳:辽宁人民出版社,2016.

1)“特色发展”还是“综合提升”:目标不够明确

Z 大学进入省部共建地方高校行列后，教育部、国家部委及 Z 省都没有明确的目标任务导向，因此难以进行有针对性的宏观调控和统筹规划，对于省部共建的目标没有明确的评价体系，共建多少、共建到什么程度都缺乏清晰的导向。Z 大学前身是国内最早成立的 S 科专门院校之一，始终立足 S 科发展，但是随着学校规模不断扩大，立足学科的社会需求，其他一批学科也发展迅速，因此在学校共建的过程中就存在 2 条不同的发展路径。一条是坚持 S 科发展的特色，但是国内 S 科院校众多，竞争压力巨大，难以形成自己的竞争优势；另一条是利用省部共建的契机，提升非 S 科，特别是某些学科的短板，朝综合性大学方向发展，但投入大、建设周期长，难以短时间内为 Z 省的经济社会建设带来贡献。因此，共建目标难以聚焦。

2)“以省为主”还是“协同治理”:机制不够健全

作为省部共建地方高校，Z 大学在共建过程中，教育部与国家部委给予的更多是机会与政策，不会直接注入教育资源，作为地方院校，主要的发展资金来源还是 Z 省的财政投入。因此，存在一个非常突出的问题，就是省级政府的配套资金问题。Z 省不只有 1 所省部共建高校，因此难以针对 Z 大学设立专门的配套资金，更多是立足全省高等教育发展制定教育投入的政策，目前均未配套省部共建资金。在这种投入情况下，想形成省部共建的协同机制就更加困难，由于省与教育部、国家部委的发力点不同，难以形成较为落地与具体的运行机制。其结果就是，Z 大学还是拥有 3 家主管上级单位，需要分别请示相应内容，难以实现协同治理，也没有真正实现省级政府对共建的主导。

3)“构建平台”还是“打造产品”:策略不够清晰

从教育部、国家部委与 Z 省政府签订（发布）的 Z 大学省部共建协议（意见）文本来看，教育部（国家部委）对省部共建的主要责任是对地方高校省部共建改革、发展、建设等方面给予更多的指导和扶持；省部共建协议（意见）明确了省级政府的权利和义务是强化对地方高校省部共建的领导作用，集中精力办好大学，在经费、政策等方面予以大力支持，从而在促进大学改革的同时营造一个良好的办学环境。此时，Z 大学立足省部部（委）共建的契机，构架一个资源整合平台，对接更多的资源。是利用教育部与国家部委作为纽带，联系国内外一流大学进行深度合作，还是围绕教育部对于“新工科”“新文科”等，国家部委对于“关注的重点领域”“行业相关的人才”等国家需求进行“产品攻坚”，就成为其发展策略上的不同选择。一段时期以来，Z 大学在共建策略上仍没有形成较为清晰成熟的方案。

（本章节相关内容已发表在《中国高等教育》2020 年第 1 期，文章题目是“省部共建高校‘双一流’建设策略”）

第 5 章
主体与机制：地方高校省部共建的核心影响因素

毋庸置疑，共建主体是影响地方高校省部共建发展的关键因素，共建主体的动机、目标、行为都对地方高校省部共建产生影响。本章立足地方高校省部共建利益相关者分析，对地方高校、省级政府、教育部及参与共建的行业部委或企业（社会组织）在省部共建中的动机、目标及行为方式进行深入分析，解释目前省部共建主体在合作中存在的问题，进而立足非完全利益共同体合作博弈的思路，构建合作、协调等运作机制。

5.1 共建主体与地方高校省部共建的发展

基于前文对地方高校省部共建发展历程的分析，在共建过程中，教育部、地方高校、省级政府、行业部委或企业（社会组织）为 5 个主要共建主体，其共建的动机及相互之间的共建合作方式，都是影响省部共建的重要因素。

5.1.1 地方高校省部共建主体的共建动机

1)教育部的共建动机

一是促进高等教育的均衡发展。毋庸置疑，教育部是我国高等教育事业发展的推动者与引导者，在促进我国高等教育资源合理布局方面具有不容推卸的责任。目前，地方高校的数量及其就读学生的数量占全国高校总数及其就读学生的比例均已超过了 90%，地方高校作为我国高等教育体系的重要组成部分，是我国高等教育事业发展的主力军。易言之，我国高等教育事业的总体发展水平在很大程度上取决于地方高校的发展水平。然而，我国地方高校发展不均衡问题在一定程度上限制了我国高等教育事业的总体发展，主要表现为西部地区高校发展水平远远落后于东部地区的高校，地方高校的发展步伐显著落后于教育部直属高校。无论是为了缩小东西部地区教育水平的差距还是加快地方高校的发展步伐，教育部都亟须从宏观层面进行统筹规划，需要给予地方高校更多的支持与帮助，进而实现我国高等教育的均衡发展。基于这一现实问题的考量，教育部于 2004 年提出了地方高校省部共建这一政策并付诸实践。

二是促进高等教育适应社会发展。在优化高等教育结构的同时，教育部也要重视高等教育与社会协调发展的问题。20 世纪 90 年代，我国进行了影响深远的高等教育体制改革与结构调整，除了一些综合实力较强及行业性比较明显的高校被中央部委保留外，其余的部属院校均被“瘦身”，管理权被移交给地方政府。[①] 高等院校管理权限的下放为地方高校发展赢得了更多自主发展的空间，同时，也存在着一定的隐患。管理权限的下放会弱化教育部与地方高校的联系，教育部难以实时把握地方高校的自主发展方向。若地方高校对自我发展的定位出现偏差，很有可

① 郭丽君.地方高校发展的困境与战略选择——基于政策博弈的视角[J].现代大学教育,2009(5):102-106.

能会导致地方高校发展脱离社会实际，不利于高等教育与整个社会的协调发展。教育部不得不寻求一种新策略来加强与地方高校的联系互动，通过与省级政府、行业部委或企业（社会组织）签订共建地方高校的协议，加强了教育部与地方高校的联系，有助于教育部更全面地把握地方高校的发展动态，引导地方高校的发展方向，同时联合省级政府和有关行业部委或企业（社会组织）的力量共同促进地方高校的发展与社会发展的紧密结合。

2)地方高校的共建动机

一是寻求环境支持。地方高校的生存与发展离不开外部环境的支持，教育部、省级政府及行业部委或企业（社会组织）参与地方高校的共建，有助于为高校的发展创造良好的外部环境。首先，从教育部来看，其作为我国高等教育事业的主管部门，重要职责之一是对高等教育现状进行深入研究并提出全国教育事业发展规划及教育改革与发展战略，制定高教体制改革的政策，明确教育发展的结构、重点及速度，引导且协调相关工作的具体实施过程。教育部只有参与地方高校的共建，才能更好地了解地方高校发展的具体情况，从而出台更合理的政策方针，更有针对性地指导高校的发展。其次，省级政府发挥着规划、调控区域经济发展及发展地方教育、科技、文化事业等职能，省级政府参与共建不仅可以给予地方高校相关政策倾斜，为其提供基础制度层面的合法性帮助，积极协调地方高校与其他子系统之间的关系，例如省级政府出台吸引优秀人才向区域集聚的优惠政策，将有助于地方高校留住原有人才，吸收新血液；省级政府重点培养人才、信息、产权交易、技术等中介服务市场，支持并鼓励风投走进高校，协助高校科技成果转化，从而有效缓解成果转化中的资金问题。最后，行业部委和有关企业（社会组织）参与共建，也将为地方行业特色型高校创造发展机遇。毋庸置疑，地方高校的生存发展很大程度上需要依赖良好的外部环境。

二是扩大资源来源。在我国社会主义市场经济体制下，高校属于一种特殊的资源消耗型、非营利性的组织，且具有办学成本持续走高的特点。① 高等教育是一项十分昂贵的事业，高校要想生存与发展，必然要消耗巨大的能量。社会资源的有效供给是支撑高校有序运转和可持续发展的不竭动力。地方高校从外部环境中获得资源的多寡，在一定程度上决定了地方高校发展速度的快慢。省部共建政策的实施，拓展了地方高校资源获取的渠道，参与共建的其他主体能够为高校发展带来资金、项目、人才、信息及更多的相关附属性资源。这些有形或无形的社会资源的注入，对于有效整合高校内部资源、拓展高校发展具有举足轻重的作用。②

三是实现自我价值。众所周知，高校具有人才培养、科学研究和社会服务等职能，高校存在的核心价值之一在于充分发挥这些职能，而实现高校自我价值的前提要求是高校发展要与社会发展相适应。地方高校作为区域文化体系中的智力制高点、高层次人才聚集地，能为社会服务的空间非常广阔。省级政府、有关行业部委或企业（社会组织）参与地方高校的共建，有助于地方高校走出“象牙塔”，与区域经济社会发展接轨，以服务求生存，以贡献求发展，使其成为一个至关重要的“社会服务站”。从这一层面来看，省部共建是地方高校完成其使命，获取、维持与展现生命力，实现自我价值的一条重要路径。

3)省级政府的共建动机

一是更好地发挥政府作为。作为区域经济发展的主导者，省级政府在实现区域经济更好更快发展上起到非常关键的作用。省级政府在推动区域经济实现跨越式的发展过程中，亟须地方高校为其提供决策咨询、制定战略规划等服务，从而为区域发展提供新思路。地方高校深植特定的区域，非常了解区域状况与发展需求，能够比其他科研机构更加快速准确地做出反应，更好地解决一系列问题。众多领域的专家汇聚在地方高校，

---

① 钟凯凯.地方政府与地方院校战略联盟：动因、特征与模式[J].现代教育管理，2012(2):20-24.

② 高树仁.行业划转院校省部共建模式研究[M].沈阳：辽宁人民出版社，2016.

他们所具备的客观立场、独到的见解、渊博的知识、敏锐的洞察力、科学的方法，能够为区域经济和社会发展中面临的重大问题提供科学的论证和依据，是促进政府决策科学化的一股重要的支撑力量。同时，地处区域经济前沿的地方高校成为省政府日益重视的力量，其作为区域创新的主体，在区域特色的关键性技术创新、传播与应用及促进区域产业转型升级方面起到关键的作用。此外，政府在发展各项社会事业（如教育、科技、文化、卫生、体育等）的过程中也离不开地方高校的有力支撑。显然，省级政府参与地方高校的共建工作，对于省级政府而言，能够更好地发挥自身作为，促进区域经济发展和社会进步。

二是获得更多的政治联系。省部共建制度的实施，为省级政府与中央部委（如教育部、行业部委等）开辟了一种新的联系渠道。省级政府、教育部与有关行业部委共同参与地方高校的共建工作，为省级政府、教育部与有关中央部委创造了更多的交流与互动的机会，加强了省级政府与中央部委的实质性联系，有利于省级政府进一步向中央部委表达政治诉求，为区域发展谋求更多的资源。

4)行业部委或企业(社会组织)的共建动机

一是促进技术创新。创新是行业发展和企业获取持续竞争优势的根本源泉。目前，国际上各行业间的技术竞争日益激烈，企业核心技术不断推陈出新，而我国行业自主创新能力不强，关键共性技术创新不足阻碍了行业的进一步发展。虽然不少地方行业特色型院校在特定行业领域的科研实力具有独特的优势，但也有部分地方高校缺乏科研成果转化平台。①因此，作为行业发展引导者的行业部委和作为行业发展主力军的相关企业必须集中力量支持行业特色型高校的发展，进一步提升地方高校的自主创新能力，并通过优势资源互补与共享，极力促进高校科技成果的转化，以实现行业关键性技术的创新。行业部委或企业（社会组织）参与地方高校的共建有利于打破地方高校管理体制的限制，构建行业部委或企业（社会

---

① 高树仁. 行业划转院校省部共建模式研究[M]. 沈阳：辽宁人民出版社，2016.

组织）与地方高校稳定的联系机制，并通过共建行业重点实验室和工程研究中心等形式，促进各共建主体发挥自身优势，提升行业集成创新和协同攻克行业关键共性技术难题的能力。

二是获得人才支撑。人才是行业持续发展的基础和保障，而地方高校作为人才产出的关键组织，在行业发展过程中发挥着重要作用。因此，行业部委十分有必要参与有关地方高校的共建工作。事实证明，行业部委参与高校的共建工作，实施系列措施，能够有效为行业发展提供源源不断的人才支撑。例如南京信息工程大学与中国气象局共同设立气象类教材建设委员会和教育教学指导委员会，通过制定诸如培养方案的修改、教学计划的修订等措施，进一步强化了中国气象局对学校学科建设和人才培养工作的指导，形成了科学规范的适应行业当前和长远需求的特色人才培养机制。如今，南京信息工程大学培养的气象专业人才已成为支撑我国气象事业发展的一支重要力量。

5.1.2　共建主体在地方高校省部共建中的合作方式

从省部共建 10 多年的发展态势来看，省部共建主体的合作方式经历了串联式合作到混合式合作的过程。

在省部共建工作的初始阶段，存在着省级政府、地方高校和教育部 3 类主要的共建主体，行业部委或企业（社会组织）尚未正式跨入地方高校省部共建主体的行列。其中，省级政府掌握着许多教育资源的配置权、计划权和管理权，其重要职责之一在于制定并执行一种促进区域高等教育发展的制度安排集合。这种制度安排集合主要以正式的制度安排为主，突出表现为省级政府所制定的地方高校发展计划、指标和规划等，其最终目的是通过支持地方高校的发展为区域经济社会的发展提供科技和人才支撑。教育部作为主管国家教育事业的中央部门，其重要职责是起草有关教育的法律、法规，研究拟定教育方针、政策等，有效调整全国高等教育资源的布局，积极引导高等教育改革，实现全国高等教育的协调发展，最终提升我国高等教育整体水平。教育部的这个目标，也必将需要通过指导和扶持地方高等教育的发展来实现。而地方高校作为专业的高等教育机构，其重要职能是人才培养、科学研究、社会服务和文化的传承创新，主要产品是人才和科技创新，地方高校是生产要素的加工者，是区域经济社会发展和国家高等教育发展的微观基础。由于这几个主体的产出完全不同，其合作是典型的串联合作。

随着地方高校省部共建工作持续、深入的推进，行业部委（如财政部、审计署、中国气象局、国家广播电视总局、工业和信息化部、商务部、国家卫生健康委员会等）相继步入了部分地方行业特色高校省部共建主体的行列。同时，地方高校与省级政府、教育部、行业部委的合作密度日益增大，省级政府、教育部、行业部委开始介入地方高校的要素加工工作。省级政府有关部门主要从人才培养、科学研究、文化建设 3 个层面与地方高校缔结战略联盟：在人才培养战略联盟层面，主要采取合作办学和人才培训的模式，地方高校面向区域经济社会发展需求，开办地方紧缺、急需的专业，同时与省级政府有关部门联合举办干部培训、专项培训等，以定向或委托培养方式培养区域特色专业人才；在科学研究战略联盟层面，省级政府有关部门与地方高校共建创新载体（如科技园区、重点实验室、工程研究中心等），构筑政产学研合作平台，共同设立地方咨询决策中心或地方发展研究中心，共建公共信息服务平台，等等；在文化建设层面，省级政府有关部门与地方高校共建文化设施，共享文化活动，共同推进区域文化产业的发展。教育部也积极建设地方高校重点实验室、工程研究中心、人文社科研究基地等，整合地方高校优势资源，共同合作创新。① 参与地方行业特色高校共建的各类行业部委一般为中央政府的组成部门或直属机构，其掌握着本行业领域的发展动态、未来趋势及发展需求信息等，而各类行业部委下属单位具有市场信息丰富、技术人才齐全、熟悉生产的全过程、试验和试制条件优越等特点。② 行业部委所具备的优势能够有效促进地方行业特色高校教学链、科研链和行业产业链的有机结

---

① 钟凯凯.地方政府与地方院校战略联盟：动因、特征与模式[J].现代教育管理，2012(2):20-24.

② 高树仁.行业划转院校省部共建模式研究[M].沈阳：辽宁人民出版社，2016.

合，通过协同创新推动行业发展。此时，就地方高校与省级政府、教育部和行业部委的组织性质而言，地方高校与其他三者存在了交叉，“共同产权人”逐渐形成，地方高校与其他三者的组织间边界日益模糊，因此 4 个共建主体之间就存在了复杂的关系，从合作的角度而言，并联合作特征已经凸显。与此同时，省级政府还兼顾了为社会政治、经济文化提供制度产品的原有职能，教育部也兼顾了为国家高等教育事业提供制度产品的原有职能，行业部委也兼顾了研究起草和组织编纂相关行业领域的法规、规章草案和政策及发展专项计划等原有职能。因此，关于四者合作模式的一个较为准确的描述是混合合作模式。

后文将基于地方高校省部共建主体合作的现状，立足于混合合作模式分析省级政府、地方高校、教育部及行业部委或企业（社会组织）的合作机制。

5.1.3　共建主体的目标与行为对地方高校省部共建的影响

目前省部共建存在的核心问题在于部分共建高校的共建主体没有得到充分的激励，具体实施过程中往往是被动开展，而非主动推进。共建主体主要在动机、目标、行为上对地方高校省部共建的发展产生影响。

1)共建主体之间的动机有时不匹配,影响了省部共建的发展

一方面，国家部委和省级政府对地方高校共建的动机是在我国高等教育发展战略的指导下，促使共建高校合理配置资源，提高效益，使得省部共建地方高校在地方经济、社会、文化发展中发挥出重要的作用；另一方面，地方高校可在省部共建过程中占有最大化的资源，因此将重点放在积极争取共建资金上，但对内涵建设重视不够，甚至出现了简化。共建主体之间动机的冲突限制了省部共建效益的进一步发挥。

2)共建主体之间的目标不完全一致,影响了省部共建的发展

从省部共建工作开展十几年来的发展态势来看，省部共建工作缺乏宏观调控和统筹规划，对于省部共建的目标没有明确的评价体系，共建多

少、共建到什么程度都缺乏清晰的导向。

一方面，教育部与省级政府从“一省一所”的共建原则到省部共建广撒种子、全面开花，其共建对象选择的范围扩大。省部共建成为教育部和省政府帮助地方高校提升学校声誉、助力学校发展的“快跑道”。

另一方面，由于地方高校省部共建数量的不断增加，原本就有限的政策资源被不断地稀释，省部共建宏观调控不足、长效管理匮乏等问题日益凸显。省部共建工作的遍地开花导致地方高校发展的异化问题和同质化问题凸显并存，地方高校为了保持学校特色，会谨慎考虑共建发展，以防止陷入“共建光环不发光”的尴尬境地，避免省部共建工作成为制约地方高校发展的新瓶颈。①

3)共建主体之间冲突协调较难,影响了省部共建的发展

从现有的地方高校省部共建的管理情况来看，共建高校共建主体的管理权限模糊的问题较为严重。省部共建政策的实施旨在调动教育部（行业部委）、省级政府和高校各方积极性，然而因为模糊契约所带来的较低的法律效应，参与共建的主体管理权限的界定是模糊的。从表面上来看，共建高校所在的共建部委及省级政府应该作为省部共建的责任主体，但是实际上，共建方仅仅承担了指导和督促的责任。从现有的教育部与地方省级政府签订的大部分的省部共建协议文本来看，教育部的主要责任是对地方高校在改革、发展、建设等方面给予更多的指导和扶持；省部共建协议明确了省级政府的责任是强化对地方高校省部共建的领导作用，集中精力办好大学，在经费、政策等方面予以大力支持，促进大学改革，营造一个良好的办学环境。由此可以看出，省部共建工作由上述双方共同主导，但在责任的界定上则侧重支持与指导，这就反映了省部共建的责任主体实际上还是共建高校本身。共建方案的实施由没有参与制订共建协议的高校来负责，这就会导致责任主体的混乱。这种权责划分容易出现扯皮推诿现象，影响决策和执行的效率。

---

① 陈栋.论高校“省部共建”的现状与路向[J].高校教育管理,2016(6):101-105.

5.2 地方高校省部共建主体的合作机制

5.2.1 地方高校省部共建主体合作的共同目标

在地方高校省部共建工作开展过程中，各主体相互合作的基础是毋庸置疑的。然而，由于各个共建主体合作动机的差异，各自在合作过程中也会有不同的合作目标，共建主体需要对合作的共同目标进行进一步思考与识别。

对于地方高校来说，省部共建是荣誉的一种标志，能够快速地有效地将其与众多一般的地方高校区别开来，使其获得重点关注。① 在某种程度上，无论是“211 工程”和“985 工程”，还是省部共建，都是提升高校知名度和提升高校办学水平的重要工程，各个参与其中的高校都被标识了“国家重点扶持”的标签，既可以获得“质量保证”和“档次提升”的名誉收益，又可以获得国家政策倾斜、经费支持的实质性利益。地方高校期望借助省部共建，从多渠道获得办学资源，拓展自身的发展空间，促进办学效益最大化。此外，步入省部共建地方高校行列对于地方高校不容忽视的重要意义还在于获得了参加教育部召开的直属高校的重要会议的机会，能够进一步与教育部直属高校交流，意味着地方高校被纳入教育部直属院校的社会网络，这能极大地促进地方高校的发展。由此可见，地方高校的目标集合为：

$$G_{\text{university}}=\left\{\begin{matrix} g_{u1}:\text{声誉最大化} \\ g_{u2}:\text{办学效益的最大化} \\ g_{u3}:\text{社会关系网络扩大} \end{matrix}\right\} \tag{5-1}$$

省级政府主导着区域的发展，肩负着加快社会进步、促进区域经济增长的重要使命。省级政府要想完成这些使命，绝对离不开地方高等教育强有力的支撑。省级政府在地方高等教育发展方面具有不容推卸的责

① 程天君，陈栋. 自主抑或依傍：困境中的“省部共建”高校[J]. 高等教育研究，2015(5)：29-36.

任，尤其是区域高等教育的发展可以为区域提供有力的人才、智力支撑，进而推动区域经济和社会发展，在高校发展和区域经济社会发展之间形成良性互动。与此同时，省级政府也希望以地方高校省部共建为契机，加强与教育部、行业部委的实质性联系，进一步表达政治诉求，从而为区域发展争取更多的资源。基于此，省级政府的目标集合为：

$$G_{\text{government}}=\left\{\begin{array}{l}g_{g1}:\text{区域高等教育与区域经济社会的协调发展}\\g_{g2}:\text{政治诉求的表达}\end{array}\right\} \tag{5-2}$$

教育部重点关注的目标和利益是要通过梳理地方高校、省级政府、行业部委之间的关系，促进高等教育资源的均衡化，形成一个结构合理的高等教育结构，有效提升国家高等教育整体水平，促使地方高校积极服务于地方经济发展和社会服务，最终实现高等教育与社会的协调发展。因此，教育部的目标集合为：

$$G_{\text{ministry of education}}\left\{\begin{array}{l}g_{m1}:\text{高等教育资源结构优化}\\g_{m2}:\text{高等教育水平的整体提高}\\g_{m3}:\text{高等教育与社会的协调发展}\end{array}\right\} \tag{5-3}$$

行业部委的重要使命是推动行业、产业的发展。行业部委通过参与地方行业特色高校的共建工作，能够有效联合和发挥行业特色地方高校具备的参与行业创新体系建设的独特优势，为行业产业发展提供技术和人才支撑。故行业部委的目标集合为：

$$G_{\text{industry sector}}=\left\{\begin{array}{l}g_{i1}:\text{行业关键技术创新与突破}\\g_{i2}:\text{行业专业人才培养}\end{array}\right\} \tag{5-4}$$

地方高校省部共建主体有其各自的利益诉求，各自的共建目标并不具有天然的高度一致性。共同目标是指会相互影响的目标，下文具体分析上述 4 个组织之间的共同目标：

由于该非完全利益共同体中的利益主体数量大于 2，我们需要先利用可达矩阵分析各共建主体的子目标之间的关系（见表 5-1），再运用超图模型分析找出各共建主体的公共目标集（见图 5-1 所示）。

地方高校声誉和办学效益的提升，能有效促进高校办学水平和层次的提升，从而更好地发挥职能。这有利于地方高等教育与区域经济社会的协调发展，在一定程度上也有利于对高等教育结构的优化、高等教育水平的提升及高等教育与社会的协调发展；省级政府为了地方高等教育与区域经济社会的协调发展，更好地发挥地方高校推动区域社会经济发展的作用，也会积极采取为高校投入更多的资源与政策倾斜等策略；教育部为了协调高等教育的发展，也会有针对性地对地方高校进行扶持，这对于高校的声誉和办学效益的提升具有很大的促进作用。因此，上述目标之间是正相关的，记为（1，1）。

地方高等教育与区域经济社会的协调发展是教育部实现高等教育结构的优化、高等教育水平的提升及高等教育与社会的协调发展目标的子环节，毋庸置疑，上述目标之间是正相关的，记为（1，1）。地方高等教育与区域经济社会的协调发展，在一定程度上也意味着地方高校能够为行业部委提供技术和人才支撑，能够有效促进行业的发展；从另一个角度而言，行业部委为了完成自己推动行业发展的重要使命，也会联合高校进行技术研发和专业人才培养，为高校注入资源，这对于高校与区域经济的协调发展有积极作用。因此，省级政府的目标与行业部委的目标也是正相关的，记为（1，1）。同上，教育部实现高等教育与社会协调发展的目标与行业部委的目标也是正相关的，记为（1，1）。

表 5-1　基于可达矩阵的目标集成分析

主体		省级政府目标集		教育部目标集			行业部委目标集	
		g_{g1}	g_{g2}	g_{m1}	g_{m2}	g_{m3}	g_{i1}	g_{i2}
地方高校目标集	g_{u1}	(1,1)	(0,1)	(1,1)	(1,1)	(1,1)	(0,1)	(0,1)
	g_{u2}	(1,1)	(0,1)	(1,1)	(1,1)	(1,1)	(0,1)	(0,1)
	g_{u3}	(0,1)	(1,0)	(0,1)	(0,1)	(1,0)	(0,1)	(0,1)
省级政府目标集	g_{g1}	—	—	(1,1)	(1,1)	(1,1)	(1,1)	(1,1)
	g_{g2}	—	—	(0,1)	(0,1)	(0,1)	(0,1)	(0,1)
教育部目标集	g_{m1}	—	—	—	—	—	(1,0)	(1,0)
	g_{m2}	—	—	—	—	—	(1,0)	(1,0)
	g_{m3}	—	—	—	—	—	(1,1)	(1,1)

注：表中 1 为正影响，0 为无关，−1 为负影响。

根据上述表格呈现的共建各方子目标之间的关系，可以进一步绘制公共目标集的超图（见图 5-1），e1 和 e2 为超图的超边，即共建主体的公共目标集。两条超边所连接的子目标之间都是相互正向影响的。

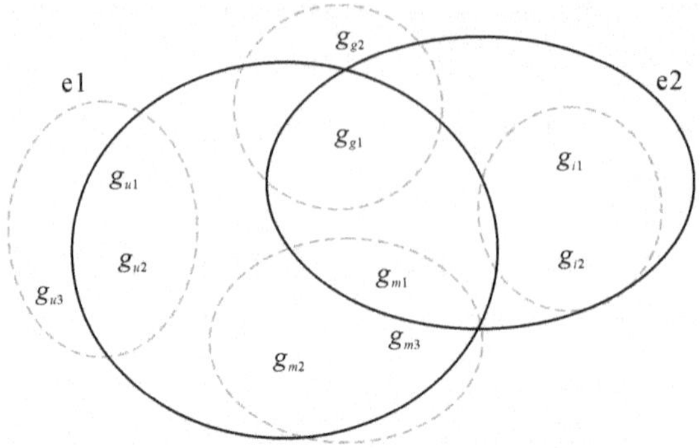

图 5-1　公共目标集的超图模型分析图

由此得出的结论是：地方高校省部共建的公共目标是区域高等教育的发展、区域高等教育与区域经济社会（行业）的协调发展。这恰恰就是要省级政府、教育部、行业部委、地方高校共同构建一个地方高等教育与区域经济社会、行业良性互动的生态系统。

5.2.2　地方高校省部共建主体的合作形成机制

1)理性机制

理性机制是形成群体合作的基础。地方高校、教育部（行业部委）、省级政府之间的共建协议设计是省部共建主体合作的理性机制的微观基础，共建协议通常涵盖了共建目标、共建主体的任务、共建方式、资源分配方式等，是在省部共建工作开展过程中，省级政府、教育部（行业部委）、地方高校之间合作的制度保证。在省部共建过程中，一个值得我们关注的问题是如何才能通过制度安排保证省级政府、教育部（行业部委）和地方高校在合作过程中，出现正面收益且该收益有可能是合作的直接获益。在省部共建过程中，因为教育部（行业部委）与省级政府在制度设计上存在天然的优势，所以其在合作前期要让地方高校认识到参与省部共建工作能获得发展优势、资源获取、社会网络扩大等方面的正面收益，概括而言就是地方高校自身的发展。而地方高校作为一个集人才培养、科学研究及社会服务功能为一体的特殊组织，具有巨大的能量，因此地方高校要在合作过程前期让省级政府、教育部（行业部委）看到参与省部共建工作能获得区域经济社会发展、高等教育资源结构优化、行业发展等方面的正面收益，简言之，即地方高等教育与区域经济社会（行业）的协调发展。

2)效用转移机制

各个共建主体都是理性的，在合作过程中，特别是涉及利益分配时，利益分歧是在所难免的。地方高校为了提升自身声誉，会充分利用自身组织资源，加强对科学研究、学科建设和人才队伍建设的投入。这些投入会给省级政府带来直接的收益，但高校需要消耗大量的资源才能进一步发展。当社会整体福利高于其自身的收益时，省级政府就会适量转移自身的效用，增加对地方高校的资源投入和政策支持，提升地方高校的效用。教育部为了高等教育资源的合理布局，会出台相关高等教育改革政策，给予地方高校政策倾斜，这将为地方高校的发展提供机遇；地方高校的发展又进一步推进高等教育改革，促进高等教育资源结构优化。参与部分地方行业特色高校建设的行业部委为了推动行业的发展，会通过设立各种形式的专项基金鼓励具备行业专业优势的地方高校促进对口学科、专业和科研方向上的发展，高校的行业人才培养和技术产出又进一步服务于行业发展。此时，在其中起到作用的主要是多主体协同治理机制，它并非步伐一致的运行过程，省级政府、教育部、行业部委（企业）及地方高校的运转机制均不相同，其目标是通过不同主体多样性的互补实现协同的发展、共同的提升。

3)协商机制

一个良好的省部共建系统，有效的协商机制是不可或缺的，其旨在对抗不可预料的破坏合作的行为。这种协商机制是十分重要的，是地方高校向省级政府、教育部（行业部委）提出的一种制度诉求，同时还充当着省级政府与教育部之间进行沟通的桥梁。要使这种机制有效地存在，则需要保证其在有效的制度、组织及环境等多方面下进行。无论是地方高校还是省级政府、教育部（行业部委），都要主动发现或建立这种沟通机制。对于地方高校而言，地方高校省部共建工作研讨会、教育部直属高校工作咨询会等重要会议都是现有主要的沟通机制，地方高校进行的政治行为必须建立在拥有合理的身份与途径的基础上，或者说在政治和法律允许的范围内，力求增加办学资源与合作收益。对于省级政府和教育部（行业部委）而言，一方面要积极建立和完善定期会商机制、信息共享机制，从而增进与共建高校的沟通交流；另一方面要完善过程监控机制，实施定期评估机制，建立滚动发展机制，从而充分调动高校自我发展的积极性和主动性，保证共建高校运行符合共同的预设目标和长远利益。

4)3 种机制的互动关系

面对共同的目标，如何有效合作就是一个引人深思的问题。根据前文的论述，3 种合作机制的协调运作就成为关键。

如图 5-2 所示，理性机制使得资源互补、利益关联的教育部、地方高

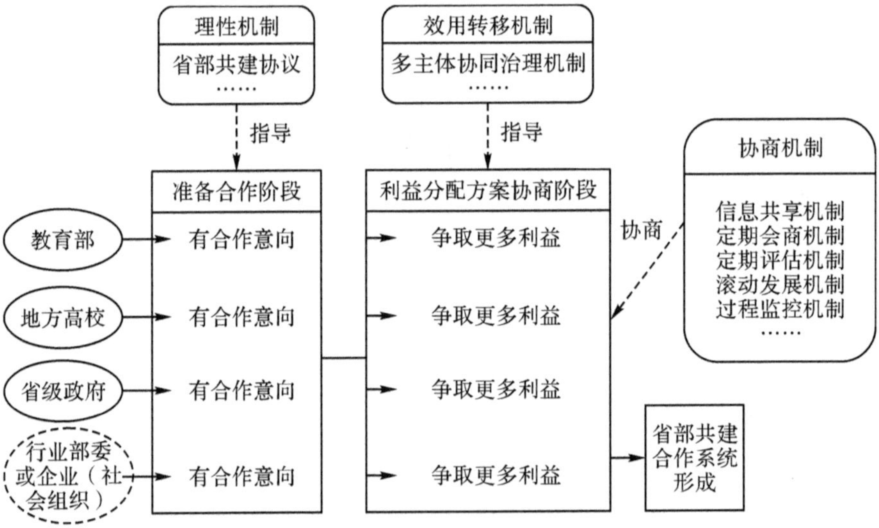

图 5-2　3 种机制的作用图

校、省级政府及行业部委或企业（社会组织）的联盟形成；在各个主体的合作意向都非常明确的情况下，效用转移机制（如多主体协同治理机制等）在利益分配方案的制订上发挥了指导性的作用，保障各个成员的利益平衡；在具备参与、激励约束的条件下，需要信息共享机制、定期会商机制、定期评估机制、滚动发展机制、过程监控机制等有效协商机制促进利益平衡机制的形成。在上述 3 种机制的共同运作下，由多主体参与的省部共建的合作系统才能得以形成，并有序、高效地运转，各个共建主体在合作过程中实现自己的利益最大化和合作的共同目标。

5.3　地方高校省部共建主体的冲突及协调机制

5.3.1　地方高校省部共建主体的冲突类型

1)愿景和使命冲突

省部共建主体的愿景和使命冲突主要体现在达成合作协议之前，各共建主体可能会在共建高校的办学定位和主要服务面向等方面产生分歧。例如，在共建高校的办学定位上，共建高校是以教学型、教学研究型还是研究型高校为发展定位？共建高校的服务面向的是区域、行业还是特定的企业？各共建主体在合作谈判阶段，应当就高校的办学定位、服务面向等方面形成统一意见，明确各自在共建过程中的责、权、利。一旦各方的意见无法统一，合作便难以形成，有关部门只能选择退出高校省部共建主体的行列。

2)路径冲突

在地方高校的省部共建工作过程中，各共建主体在战略路径选择层面的冲突也是难以避免的。例如，各共建主体在发展路线的战略方面可能会存在省级政府主导型战略、行业部委或企业（社会组织）主导型战略及高校自主型战略之间的选择冲突。不同的战略路径具有不同的特点：省级政府主导型战略主张高校的发展以计划为导向，高校所负责的科研项目主要来源于省级政府的科研计划，主要对关系区域经济发展的关键问题和政府政策导向关注的科研项目进行研究，其共建的主要目的是提高区域经济发展水平。行业部委或企业（社会组织）主导型战略倡导高校的发展以市场为导向，无论是人才培养还是科技创新都应当紧密契合潜在的市场需求，其共建的主要目的是保证行业持续发展的能力。高校自主型战略以竞争为导向。高校获得省部共建后，公众对其就有了更高的期待，此时高校不仅要突出在区域的示范引领作用，而且要在全国同类院校中有重大影响，成为全国地方高校中的“排头兵”，要积极争取在全国高等教育体系布局中占有竞争性优势地位。显而易见地，每一条战略路径有各自的利益导向，不同战略路径的选择会影响省部共建主体的未来战略收益，如何在战略路径上协调一致是值得深思的问题。

3)目标冲突

在发展大方向既定的前提下，各省部共建主体也存在目标冲突。首先，体现在具体的子目标的冲突上。例如，地方高校为了提升办学效益，在招生规模扩张上，可能会采取盲目扩充原有的专业，通过创建热门专业或者凭借现有专业增加低成本专业的策略。地方高校只关注自身的利益，至于那些专业是否与区域市场经济结构相匹配、是否真正符合高等教育的要求，并没有被充分纳入地方高校的考虑范畴。① 尽管在短时间内，地方高校实现了扩招，但这有悖于省级政府实现地方高等教育与区域经济社会协调发展的目标和教育部优化高等教育结构的目标，必然受到遏制。其次，共建主体在子目标实现的优先顺序方面也可能会产生分歧。省级政府承担着推动区域经济增长的重要职责，其支持地方高校发展的一个重要目的在于为区域经济社会发展提供人才支撑；而地方高校为了扩大招生规模和引入优质生源，也会在全国范围内招生，由于毕业生在选择就业时

① 郭丽君.地方高校发展的困境与战略选择——基于政策博弈的视角[J].现代大学教育,2009(5):102-106.

拥有相当大的自主权，由地方高校所培养的高校人才不一定会流入当地的人力资源市场。在这个时候，地方高校与省级政府在目标的实现顺序上就产生了分歧，即陷入了是先实现省级政府为区域引入人才支撑的目标还是先实现地方高校办学规模扩大的目标的两难困境。此时，省级政府会对地方高校进行成本和收益的度量，其采取的应对措施及战略往往会根据教育部或有关行业部委或企业（社会组织）的态度和投入情况来决定。倘若教育部或有关行业部委或企业（社会组织）不投入或者增加投入，省级政府也会采取相同的做法。最后，由于各共建主体的组织特性的不同，各个共建主体对于目标的实现程度也有各自的要求。地方高校作为教育和研究机构，长久以来，相较于技术成果的转化，更重视教学和基础研究，这在一定程度上导致了地方高校在知识创新成果方面只重视其技术价值而忽视其市场价值。因此，高校的许多知识创新成果往往只停留在技术成果层面，并没有进行进一步的转化和应用。然而，对于地方政府和行业部委或企业（社会组织）来说，只有技术成果在相关领域得到真正的应用，才能产生经济效益，从而推动区域、行业的发展。由此可见，影响省部共建主体未来直接收益及造成群体成员竞争地位的升降的主要原因是目标选择的差异。有效缓解共建主体的目标冲突的重要途径是通过有效协商建立相应的利益补偿机制，实现良好的合作。

4）过程冲突

由于省部共建主体存在不同的能力、习惯偏好及经验，合作过程中的冲突是无法避免的。譬如，政府部门习惯以立竿见影的思维模式看待资源投入，希望地方高校有了投入之后，能尽快地有产出，成果能迅速地惠及社会；而高校的研究人员进行的一些基础研究时间跨度较长，高校的科技成果的转化一般要经过“基础研究—应用研究—生产”的线性过程，难以在短期内产生经济效能，但是它们在政府部门推动区域经济社会发展中又是不可或缺的。但是，在这个过程中，存在个别群体成员只顾及自身利益，坚持采取有利于自身利益的合作行为，从而产生了许多冲突。省部共建的各主体因为自身的角色在参与共建工作的主动性发挥上有所不同，甚至会因为保护自身的利益及减轻工作负担等出现被动消极地参与共建工作的现象。其中，教育部作为省部共建政策的出台者，会采取一系列积极的措施促进该项政策的落实和实施，同时尽可能最大限度地为我国的高等教育事业争取更多的建设资金。然而，省级政府面对关联到自身的资金分配问题时，可能会谨慎考虑投入。例如，对于大多数西部地区的省份，在自身资金紧缺的情况下，省部共建资金如何筹措就成为一个难题。省级政府因此可能会尽量减少这一环节。同时，地方高校为了追求自身利益，只考虑如何能够争取到更多的建设资金，而对建设的合理性及建设任务的完成情况欠考虑，通常地方高校的自我约束力并不强。此时，这就需要每个共建主体仔细比较各方在不同过程中的利益得失，采取有效的措施来化解冲突。

5）规章和程序冲突

省部共建主体在合作过程中产生的规章和程序冲突源于个别共建主体为了多占群体合作的便宜而有预谋地违反规程。“以政府为主导”是我国高等教育管理体制改革的基本特征，拥有强大的政治力量和资源配置权的教育部是高等教育制度的主要制定者和推行者。在某些情况下，教育部自上而下、有计划、有步骤地强制推行地方教育体制改革。这种自上而下的强制性政策的变迁并不是在省级政府和地方高校同时认可的情况下进行的。倘若这些政策在一些方面与地方高校和省级政府的不一致时，地方高校和省级政府极可能对政策进行一定程度上的“缩水”；相应地，对指导具体操作的规章制度也会进行“变相解读”，即“上有政策、下有对策”。这就需要各个主体在合作过程中加强互相监督，防患于未然。

5.3.2 地方高校省部共建主体的冲突协调机制

地方高校与省级政府、教育部、行业部委或企业（社会组织）合作的过程中，不可避免地会存在冲突，根据前文中省部共建主体合作过程中可能会产生的具体冲突，表 5-2 给出了缓解冲突的对应策略。

表 5-2　地方高校省部共建主体的冲突协调机制分析

序号	冲突的类型	具体表现	缓解机制	对应策略
1	愿景和使命冲突	在共建高校的办学定位和服务面向等方面存在分歧	理性机制	①共建主体重新评估，共同确认愿景或使命，在各主体都认同的情况下，签订共建协议 ②不合作，退出省部共建主体行列
2	路径冲突	对共建高校的战略路径产生了分歧：省级政府主导型战略、高校自主型战略及行业部委主导型战略的选择问题	理性机制、效用转移机制及协商机制	①通过比较自身采取不同的战略路径所产生的风险和收益情况，判断是否要进行合作 ②争取更多的效用转移补贴变换战略路径给自身带来的“相对损失” ③采用政治游说说服其他主体改变战略路径
3	目标冲突	子目标的冲突：高校办学效益最大化与政府部门促进高等教育与区域经济社会协调发展 目标实现顺序的冲突：高校的招生规模扩张与政府为区域引进人才的冲突 目标实现程度的分歧：对于知识创新成果，高校重视其技术价值，政府部门重视其市场价值	协商机制和效用转移机制	①发挥协商机制中的过程监管监控职责，协商子目标的冲突，如省级政府、教育部出台系列政策对高校盲目办学行为进行规范，地方高校进行互相监督 ②争取效用转移的幅度，充分发挥共建过程中多主体协同治理机制的作用，如政府部门向高校投入资源，给予政策倾斜，高校为区域、行业发展提供人才和技术支撑 ③建立共建主体之间的成果共享管理机制，如成立由共建主体共同参与的成果共享管理服务平台，促进共建成果在不同主体之间的流转与利用，知识创新成果的技术价值和市场价值并重

续 表

序号	冲突的类型	具体表现	缓解机制	对应策略
4	过程冲突	政府部门习惯以立竿见影的思维看待资源投入，而高校的基础研究历时长，见效慢；各共建主体因为过于追求自身利益，导致合作过程中出现合作成员消极怠工的情况	协商机制和理性机制	①充分利用协商机制中的工作研讨会、定期会商机制等渠道，增进沟通交流，如地方高校向政府部门表达高校基础科学研究的必要性和重要意义；政府部门听取意见，正视矛盾，以长远的眼光，在加快服务共建高校科技成果产业化转移的同时不遗余力地倡导高校潜心学术的科研氛围 ②以规章制度等形式对各共建主体的职责进行明确，以制度的强制性保证各成员履行其职能，同时对于发挥作用不明显的成员，要进行剔除，避免由于主体过多，造成责任过度分散、合作环节的烦冗和不畅
5	规章和程序冲突	有预谋地违反规程，出现“上有政策，下有对策”的局面	协商机制和效用转移机制	①发挥协商机制中的监督贯彻职责，如教育部对共建高校运行状态进行实时监控，对偏离既定制度和共同目标的短期行为给予制止纠正 ②构建高等教育政策的补偿机制，保障共建主体各自的利益

5.4 地方高校省部共建运行机制案例解析

浙江工商大学作为地方政府主导治理的省部共建高校，在省部共建的过程中通过对省部共建目标、省部共建路径进行有效的规划，设立了清晰的发展目标，形成了有效的共建机制。

5.4.1 形成省部共建的关键共识，聚焦“双一流”，加强学科建设

聚焦国家“双一流”发展战略，浙江省、教育部和浙江工商大学都深刻认识到学科发展是大学的核心竞争力。因此学校在进入共建阶段以

后，形成的关键共识就是要迅速提升学科实力，冲击“双一流”，构筑学科发展的高地。

三方基于学科发展角度持续投入，学校在学科建设方面硕果累累。陆续新增法学、外国语言文学、食品科学与工程等 3 个一级学科博士点。在全国第四轮学科评估结果中，学校的统计学学科位列全国前 10%，工商管理和应用经济学位列全国前 20%；2017 年，学校入选浙江省重点建设高校，统计和工商管理两个学科入选浙江省重点建设高校优势特色学科名单。目前，学校已经形成与商贸经济、商务工作领域息息相关的统计学、经济学、管理学、法学、食品科学等优势特色学科。学校现有的博士后流动站、一级学科博士点、二级学科博士点、一级学科硕士点及二级学科硕士点，工商管理硕士等专业硕士学位点也大多与贸易经济、商务工作密切相关。其中，二级学科博士点中，商科类占比为 72.2%；硕士学位点中，商科类占比为 59.6%。可见，学校“大商科”学科特色和优势日益凸显。

5.4.2　构建省部共建的学术平台，立足“区域化”，提升科研实力

学校与教育部、商务部一起共建，立足浙江省的实际发展，在共建产出上更为突出对地方经济的服务性，体现出“区域化、特色化”发展的特征，重点打造对于区域经济建设和社会发展有价值的科学研究项目。学校的科研平台依托优势特色学科，以解决区域、行业的重大关键问题为重点，有效整合社会各方独特资源和优势，协同创新，形成了脱颖而出的科技创新能力。

以浙江工商大学现代商贸研究中心为例，该中心系全国高校仅有的一个主要对商贸流通进行研究的教育部人文社科重点基地，也是浙江省“2011 现代商贸流通体系建设协同创新中心”，由浙江省与教育部共同重点支持建设。学校是该中心的牵头单位，商务部政策研究室、浙江省商务厅、义乌市人民政府、中国社科院财经战略研究院、浙江大学电子服务研究中心、南京大学江苏省物流技术工程中心、厦门大学数据挖掘研究中心、阿里巴巴（中国）网络技术有限公司、浙江物产集团、香港利丰发展（中国）有限公司为协同单位。该中心主要依托学校统计、工商管理、应

用经济、管理科学与工程等四大优势特色学科，致力于打造中国新流通智库高地、中国流通数据挖掘与计算高地、中国新流通技术研发高地、中国新流通学科高地、中国新流通人才培养高地等五大高地。可以说，该中心是学校推动省部共建工作的重要抓手，也是凸显学校“大商科”办学特色的重要平台。近年来，该中心紧紧围绕传统商贸流通业转型升级、协同电子商务发展、物流和供应链整合、商务数据挖掘和分析等领域，协同相关行业组织，集聚“政、产、学、研、用”优势资源，开展了覆盖国家、省、市三级流通战略和改革方案制订的协同创新工作，为我国商贸流通业发展做出了突出贡献。

5.4.3 明确省部共建的重要输出，特色“大商科”，推动人才培养

省部共建高校的重中之重是人才培养，输出什么样的人才是省部共建的关键。立足教育部要求，以及浙江省实际，结合浙江工商大学的学科特色，培养“大商科”人才就是省部共建的重要内容。学校英语、金融、法学、会计、经济统计学、市场营销、电子商务、工商管理、国际经济与贸易、环境工程、食品科学与工程等 11 个专业被列入浙江省“十三五”优势专业建设项目。2019 年，浙江工商大学应用统计、工商管理、经济等 15 个专业入选国家级一流本科专业建设；经济统计、商务英语、财务管理等 13 个专业入选省级一流本科专业建设。浙江省是经济大省，也是商贸流通大省、电子商务大省，非常急需现代商贸领域各个层次的复合型人才。因此，浙江省政府和教育部、商务部在人才培养方面，对学校提出了共建要求，要求学校将“专业成才、精神成人”作为人才培养的理念，旨在培养高层次创新型、复合型、应用型的人才，也就是形成“大商科”人才培养模式。

“大商科”的人才培养特色主要体现在 2 个方面，即工商融合与创新引领，通过将人文教育、商科教育及理工教育相互融合，培养具有创新创业素质的人才。“大商科”人才培养的实践路径是，融合先进的人才培养理念、多样的人才培养手段及多元的人才培养机制。近些年来，学校一直坚持在“大商科”人才培养的道路上进行积极的探索和实践，并取得了较

好的结果，为社会输送了一批批具有“大商科”知识结构及视野的专业人才，比如国内知名孕婴产业和服务企业贝因美集团创始人谢宏。

5.4.4 打通省部共建的组织壁垒，服务商务部，服务地方经济

对于与商务部共建，以往的思路都是依托商务部的政策资源，为高校争取更多的发展优势。浙江工商大学没有单纯从名义共建的角度思考发展战略，而是依托优势特色学科，积极为行业、地方、国家战略开展社会服务，推动浙江省和国家经济社会发展，主动对接商务部，积极参与商务部的专题研究，进而落地浙江经济，打破共建的组织壁垒。

近年来，学校与商务部的合作持续深入，针对国内贸易改革面临的重大问题，学校承担一系列商务部委托的内贸流通战略、规划和标准制定等重要课题，如 2015 年商务部重大招标课题“互联网经济背景下流通升级国家战略研究”，该课题是为我国制订与“中国制造 2025”相匹配的“中国流通 2030”行动纲领提供前期研究和参考方案的。2016 年，商务部将支持浙江工商大学的发展写入了《商务发展第十三个五年规划纲要》，这标志着学校与商务部的合作迈上了新台阶。

与此同时，学校积极为地方政府、行业和龙头企业开展商贸流通领域服务，如学校承担了浙江省商务厅委托的《浙江省“十三五”电子商务发展规划》《浙江省“十三五”商贸流通业发展规划》与全国 30 多个地市县电子商务规划编制工作，对各地如何扎根地方产业特色，利用电子商务带动传统经济转型升级，进行了深入研究，推动了区域电子商务和商贸流通业等特色经济的转型发展。

学校进一步加强了与政府、企业、行业联盟的合作，通过智库建设与社会服务工作的实施，取得了比较好的效果。例如，学校结合了统计研究及商贸研究的优势，研发了具有全国性乃至全球影响力的柯桥纺织指数、义乌小商品指数、寿光蔬菜指数、成都中药材指数、中关村电子产品指数等十来个重要专业市场指数；再如 2017 年 10 月，学校联合 12 所高校和阿里巴巴（中国）网络技术有限公司等 10 家跨境电商平台、企业、中介机构联合发起成立了中国（杭州）跨境电商人才联盟，学校担任该联盟的理事

长单位和秘书长单位，学校将充分发挥跨境电商学科方向的特色和优势，使人才联盟成为“政产学研创”一体化的跨境电商创新人才服务平台。

5.4.5 深耕省部共建的文化基础，打好“浙商牌”，传承浙商文化

浙江省政府、商务部、浙江工商大学三者各具区域文化、行业文化及高校文化，要在三者间构建持续的共建机制，就要形成深厚的文化积淀。牢牢把握浙江特色与商业历史，深耕“浙商”概念，就成为省部共建过程中浙江工商大学的重要举措。

在浙江省政府的高度支持下，浙江工商大学积极开展中华民族优秀商业文化活动，特别是对浙商的研究、传播及传承，相关的浙商品牌项目已经走出浙江、全国甚至全世界，成功递出了“文化浙商大”的金名片。

浙商是浙江国民经济的支柱，就全国范围来说，其也是分布最广、人数最多、影响最大、实力最强的投资经营群体。在浙商崛起和回归的现实情况下，浙江工商大学建立了浙商博物馆，该博物馆是浙江省第一座以弘扬浙商精神、传承浙商文化为主题的博物馆。博物馆以建设“天下浙商的精神家园”为总体目标，十分详尽地展现了浙江经济几千年来的“人、物、事”，尤其是自 1978 年改革开放以来，浙江民营经济的萌芽、成长与蓬勃发展，还有 1000 多万浙商艰辛的创新创业历史；同时以多种多样的形式向我们呈现了浙商“走遍千山万水、说尽千言万语、想尽千方百计、吃尽千辛万苦”的创新创业精神。目前，浙商博物馆对于浙商文化的传播、浙商精神的弘扬及浙商贡献的展示有着十分重要的作用，逐渐成了服务与凝聚天下浙商的关键平台，其在社会各界及国内外的浙商群体中产生了长远的文化影响，也成为浙江省对外交流、商务部文化传播的重要平台。

（本章节相关内容已发表在《中国高等教育》2020 年第 15/16 期，文章题目是“地方高校省部共建合作机制研究”）

第 6 章 地方高校省部共建水平提升的策略

省部共建是我国高等教育改革重要的制度创新实践，该创新实践对于优化国家高等教育资源布局、提升高校综合实力、推动区域经济社会发展具有非常突出的价值，在我国高等教育实践发展过程中具有非常重要的地位，是现有理论和实践研究的基本出发点。

然而经过十几年的实践探索和经验积累，地方高校省部共建不能总是“摸着石头过河”，而是需要对共建存在的问题、现有运行机制及以往的经验等不断进行归纳和总结，进而提出提升地方高校省部共建水平的现实策略。该策略要具有清晰的层次性：首先，要包括地方高校省部共建水平提升的总体思路，具有战略的前瞻性和全局性；其次，要体现地方高校省部共建水平提升的关键机制，切实思考省部共建高校共建的一般策略，具有操作的可行性和通用性；最后，要结合省部共建地方高校的具体情况，采取创新举措，具有操作的针对性和差异性。

6.1 地方高校省部共建水平提升的总体思路

6.1.1 构建目标共识，形成目标体系，解决共建的方向问题

就目前地方高校省部共建工作开展的情况来看，省部共建工作没有规定相应的违约责任和考核目标，共建工作成了一种锦上添花的边缘化工作，共建高校任何的发展都可以说是共建工作取得的结果，共建工作的建设目标难以具体量化，共建高校在发展中遇到的瓶颈也很难找到明确、有效的解决方法。

地方高校省部共建工作除了要有长期建设的宏观目标，更需要分解到短期建设的以新设项目、平台为抓手的中观目标，也需要共建的地方高校结合人才培养、科学研究、社会服务、文化创新传承、国际交流与合作等动能方面的具体建设实施的微观目标，形成有效的目标体系。建设世界一流大学和一流学科，是国家做出的重大战略决策，也是我国高等教育领域继“211 工程”“985 工程”之后的又一国家战略，这有利于提升我国高等教育综合实力和国际竞争力，为实现“两个一百年”奋斗目标和中华民族伟大复兴的中国梦提供有力支撑。因此，地方高校省部共建要以“双一流”为目标导向，切实推进地方高校在上述功能中的落地，要围绕一个中心和一个标准共同努力。

6.1.2 构建共建平台，发挥高校主体作用，解决共建的协同问题

地方高校省部共建是一个涉及多方协作的工作。目前，政府各部门之间、政府与高校、高校内部协作不畅、效率不高的问题逐渐显露，制约着省部共建效益的进一步提升。从宏观层面来看，参与省部共建的主体主要有省级政府、教育部（行业部委）、地方高校。其中，地方高校依然为省属高校，而非教育部直属高校，其管理以省级政府为主，教育部（行业部委）为辅，教育部（行业部委）在共建中发挥辅助、支持、协调作

用，共建高校为具体执行者，承担着具体的建设任务。

地方高校要有平台战略意识，以“双一流”、国家相关区域发展战略为共建目标，形成平台组织的单边网络效应及跨边网络效应，承担主体责任，避免主体缺位。单边网络效应主要体现为教育部与省部共建高校之间资源与经验的协同优势，省部共建高校联盟在学科发展、区域协同、人才培养等方面都有很好的合作基础。而地方政府与教育部在资源配备、发展目标上存在很强的互补性，因此高校利用省部共建可以发挥跨边网络效应，形成更好的合作契机。当然，合作机制的构建是共建的核心，下文将做深度分析。

6.1.3 设计共建举措，明确共建模式，解决共建的实施问题

地方高校省部共建除了宏观调控和统筹规划方面存在不足，在具体共建工作开展过程中，也存在相关部门对共建高校的建设力度不一致的问题。地方高校首先要明确自身的发展定位，确立发展特色与发展方向，进而选择适合自身发展的模式。

在共建过程中，地方高校特别要明确自身的学科领域归属与聚焦、科学研究的专长与优势、人才培养的定位与服务范围、社会服务的领域与专长、国际化发展与区域合作的指向、文化传承所承载的独有使命。有些地方高校自身具有很强的区域文化属性或行业文化属性，那么在共建过程中就要深入挖掘自身的积淀，凸显优势，形成共建的高地策略。有些地方高校处于高速发展时期，有自身发展的诉求，因此要明确自身发展的洼地，形成短板补充策略等。

6.2 地方高校省部共建水平提升的关键机制

地方高校省部共建实践发展过程中的关键问题是治理机制的完善。治理机制的完善必须通过建立现代大学治理制度，协调内部行政权力与学术权力之间的关系，解决大学发展的体制性障碍来实现，其也是将地方高

校省部共建战略方向与具体实践有机结合的关键。因此，要对省部共建地方高校内部治理机制进行深入分析，构建具有实践导向的分析框架，明确协同治理策略，切实提升省部共建地方高校的治理能力和发展水平。

6.2.1 地方高校省部共建治理机制的基础分析

大学治理的关键在于通过什么样的机制设计来诠释大学的本质功能，发挥大学的教育、创新精神①，对此理论上大致出现了两种观点：一种将大学治理的要点理解为平衡董事会与行政机构所拥有的法定权力和教师拥有的专业权力②③；另一种则强调通过共同治理来平衡所有利益相关者的权力诉求④⑤⑥。上述观点尽管存在一定的差异，但是对于内部权力的关系协调都是解决问题的要点，因此对高校内部权力的认识，将是打开大学治理黑箱的钥匙。传统对大学治理的分析的焦点在于行政权力与学术权力之间的协调，⑦⑧将行政权力和学术权力作为突破口是分析大学治理的创新路径，⑨但是省部共建地方高校的出资人是教育部与地方政府的集合体，因此在权力属性上与一般高校存在差异。

本书认为，地方高校省部共建首先要面对教育部等部委的行政干预权力与地方政府对高校行政规制之间的第一层权力配置，其涉及部委与地方

---

① 李维安，王世权. 大学治理[M]. 北京：机械工业出版社，2013.

② SHATTOCK M. Re-balancing modern concepts of university governance[J]. Higher Education Quarterly, 2002, 56(3): 235-244.

③ BIRNBAUM R. The end of shared governance: looking ahead or looking back [J]. New Directions for Higher Education, 2004, 2004(127): 5-22.

④ BROWN J W O. Faculty participation in university governance and the effect on university performance[J]. Journal of Economic Behavior & Organization, 2001, 44(2): 129-143.

⑤ LAPWORTH S. Arresting decline in shared governance: towards a flexible model for academic participation[J]. Higher Education Quarterly, 2004, 58(4): 299-314.

⑥ 李福华. 大学治理的理论基础与组织架构[M]. 北京：教育科学出版社，2008.

⑦ CLARK B R. The higher education system: academic organization in cross-national perspective[J]. California: University of California Press, 1983.

⑧ 别敦荣. 学术管理、学术权力等概念释义[J]. 清华大学教育研究，2000(2): 44-47.

⑨ 李维安，王世权. 大学治理[M]. 北京：机械工业出版社，2013.

政府之间的关系；进而才会面对公立高校所提出的内部行政权力与学术权力之间的协调，即第二层权力配置。因此，地方高校省部共建面对二层四种权力配置，具体如图 6-1 所示。

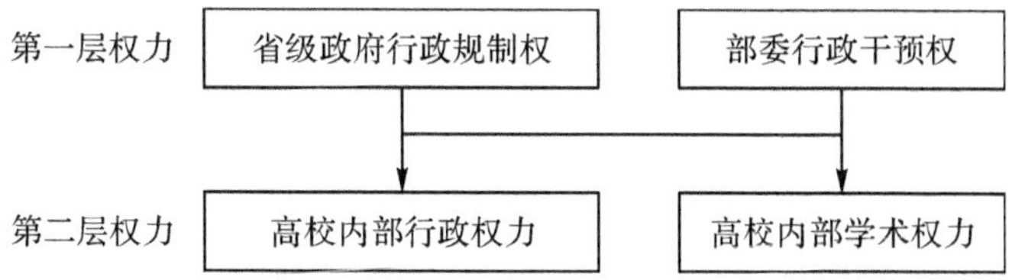

图 6-1　省部共建二层权力配置图

1)部委行政干预权

部委作为政府各个行业或领域的主管部门，对于教育布局、高校发展方向具有跨区域的统筹思路，因此对于高校的特色内涵发展具有一定的要求。其中，教育部更为特殊，其更关注教育的投入、均衡与产出等问题；而其他部委更关注主管领域中高等教育对于行业人才培养、国家重大战略响应方面的作用。

2)省级政府行政规制权

公办地方高等院校一般由院校所在省区市政府主管，不可否定的是政府主管部门对高校治理结构的作用。政府在高等教育的开办过程中，在招生、毕业、教师职称等方面具有规制权力，特别是教师作为特殊的人力资源需要经过有关主管部门的认可才能获得具有事业编制属性的职称。因此，政府具有高等教育系统内相对稀缺的资源配置权，政府对于地方高校省部共建的干预机制也直接变现为政府规制权在地方高校省部共建权力系统中的配置方式。中国大学奉行的是“行政的教育管理实践观”①，非常强调国家对教育的干预。

① 孙绵涛.教育管理哲学:现代教育管理观引论[M].武汉:武汉工业大学出版社,1997.

3)高校内部行政权力(Administrative power)

行政权力是以行政管理为基础的，以行政管理职能为依据，由行政机构（如学校内有行政职能的部门处室）中行政人员所行使的权力，是一种授予权力，属于制度化的权力，具有合法性。① 事实上，中国大学的行政权力不仅仅包括与职位制度化相关的科层组织的行政管理权力，很大程度上还将政治权力、政府权力及部分学术权力（主要是制度化的学术权力）内化其中。行政权力所贯彻的文化和宗旨，很大程度上会影响高校本身的运营模式与文化氛围，服务导向的行政权力配置会将学术治校的理念凸显出来，而规则导向的行政权力运行则会大大干涉甚至剥夺学术力量在高校中的话语权。在我国，政府的行政规制权往往以高校内部的行政权力作为微观基础而加以实施。

4)高校内部学术权力(Academic power)

谢安邦等指出，所谓学术权力是由学术活动本身的内在逻辑所决定的，不以严格的制度为依托，属于传统权威，是合理化的权力。② 学术权力指的是学术组织或者学术人士所具备的能够影响组织行为或者他人行为的一种权力，专家学者的学术能力和水平是该权力的合法性来源。高校内学术权力的效率很大程度上可以体现出高校治理效率的高低。

综上所述，地方高校省部共建内部的二层四种权力类型，在实际的大学治理过程中会演化出不同的结构特征。在具体的管理情境下，具体的结构特征将会形成相对稳定的制衡机制，因此也就会形成不同的地方高校省部共建治理模式。

以省部共建地方高校浙江工商大学为例，其共建权力具有典型的代表性。首先，确立顶层制度，构建共建的指导性框架。浙江省政府、商务

---

① 别敦荣.学术管理、学术权力等概念释义[J].清华大学教育研究，2000(2):44-47.

② 谢安邦，阎光才.高校的权力结构与权力结构的调整——对我国高校管理体制改革方向的探索[J].高等教育研究，1998(2):20-24.

部、教育部共同印发了《浙江省人民政府商务部教育部关于共建浙江工商大学的意见》，在制度设计上为省部共建确立了合法性治理规则。其中，针对浙江省政府、商务部及教育部在共建过程中各自的责、权、利进行了约定，并指明了共建的目标与方向。其次，确立校内机制，构建共建的校内领导小组及其办公室。浙江工商大学成立了省部共建工作领导小组，主要领导任组长，并成立了省部共建办公室负责协调共建实务，加强共建工作。与此同时，学校还出台了省部共建意见实施方案，明确了校内各有关部门的职责和日常工作机制。同时，定期选派干部、教师赴浙江省、商务部、教育部有关部门、司局挂职锻炼，以此进行直接、长期的交流沟通。

6.2.2　地方高校省部共建治理模式的分化演进

在影响地方高校省部共建治理机制的 4 种权力类型中，部委行政干预与地方政府之间的博弈将直接影响地方高校省部共建治理模式的取向。如果部委行政干预起到主导性作用，直接与高校内部行政权力链接，形成嵌入式的作用机制，那么地方高校省部共建实施中将呈现出部委较强的干预性，部委模式就会产生；相反，由于地方政府具有预算软约束，如果部委行政干预对共建高校仅仅起到监督的基本职能，并不过多地干涉高校内部的制度设计，地方政府对入学招生、职称评定、水平考核等进行制度性约束，那么地方政府就会对高校产生直接的作用，地方政府主导型治理模式就会产生，简称地方模式。

如浙江工商大学在省部共建的过程中，浙江省政府对于高校的运行和发展起主导作用，商务部在政策方向指引、前沿问题研究及人才培养等方面提供重要的资源，教育部则为浙江工商大学在省部共建院校联盟嵌入及教育改革试点等方面提供政策支撑。因此，根据有关分析，浙江工商大学的治理机制属于地方模式，具体如图 6-2 所示。

由于我国高等教育正处于改革转型阶段，中央在逐步推进公立高校治理模式的确立，并逐步推行高校自主招生、教师职称自评自聘等重要改革举措，则中央政府逐步放权与各部委对教育资源的投入导向同步开展，二

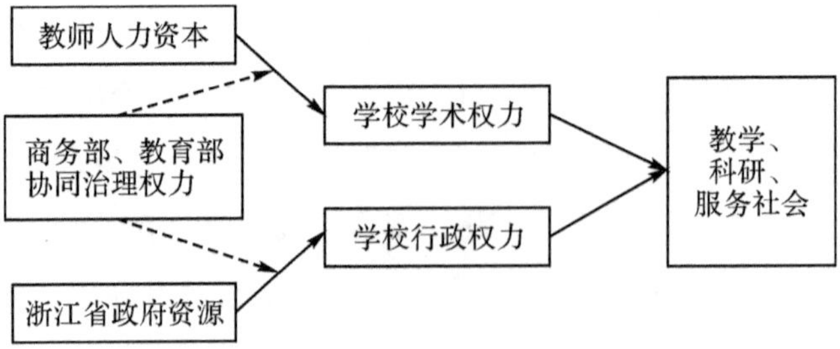

图 6-2　浙江工商大学地方模式投入产出模型

者在寻求满足利益相关者多元主体价值诉求的制衡机制，也就是处于部委治理与地方治理间的中间模式，简称混合模式。

6.2.3　地方高校省部共建协同治理的模式分析

基于前文的分析，我国地方高校省部共建的整体发展趋势处于从部委型向地方型的治理转型过程中，不同权力的配置模式将直接影响高等教育的最终产出绩效，因此，要全面认识地方高校省部共建治理模式的内在机理和演进历程，就需要构建涵盖教育投入、产出及内部转换过程的整体分析框架，并对不同模式的配置过程进行解析，这样才能更好地、动态和全面地理解地方高校省部共建治理机制的内核，如图 6-3 所示。

图 6-3　高校投入产出模型

结合地方高校省部共建内部的权力类别与模式演进过程，地方高校省部共建呈现出 3 种不同类别的投入产出方式，具体如图 6-4、图 6-5、图6-6 所示。 部委模式中，部委投入稀缺教育资源，因此部委管制权直接嵌入高校行政权力系统，行政权力主导学术权力，形成“大行政、小学术”的状态。 混合模式中，政府投入有效资源，高校内部行政权力与学术权力平行，二者权衡博弈，最终形成动态平衡。 地方模式中，各部委不再管制教育资源，但是对于教师学术权力及地方政府的行政目标进行监控，其作为调节变量促进整个治理模式的发展。

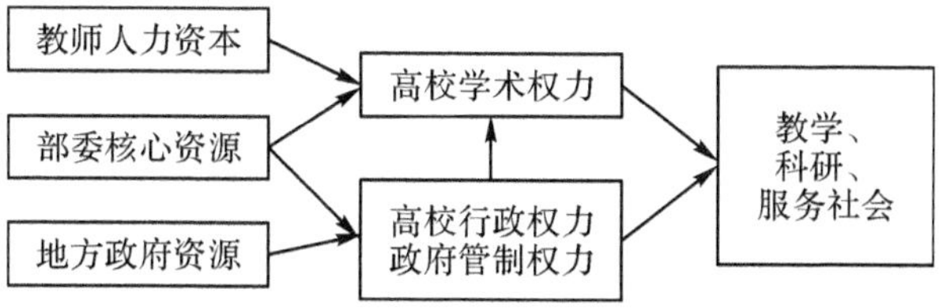

图 6-4　部委模式投入产出模型

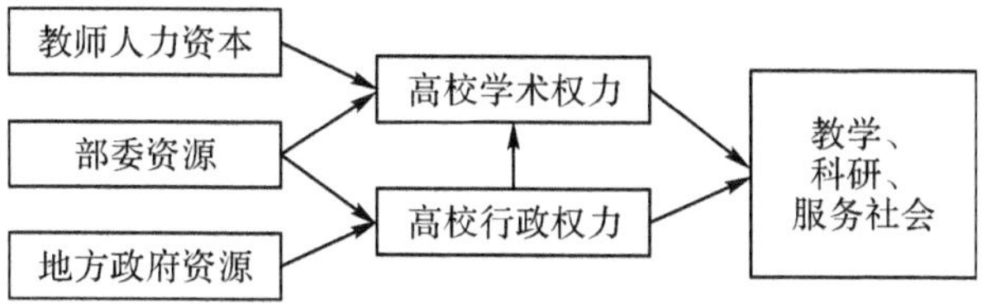

图 6-5　混合模式投入产出模型

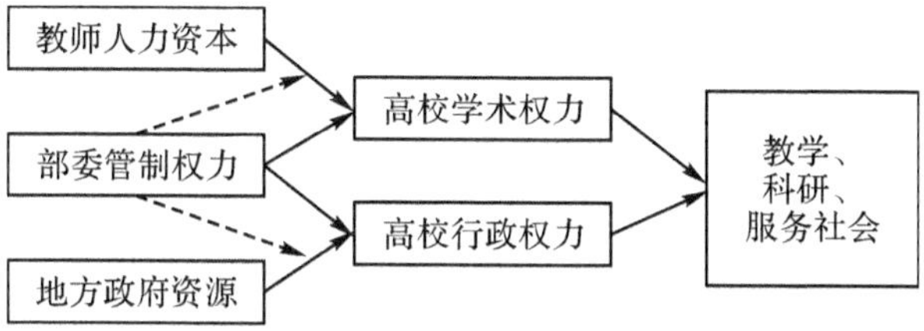

图 6-6　地方模式投入产出模型

针对以上模型，笔者拟提出构建地方高校省部共建治理模式的新途径。

1)优化外部治理机制

第一，政府角色的定位要清晰。地方高校省部共建集地方政府私益性和社会公益性于一身，融合了区域发展利益与公共利益。正是因为这种特殊的组织属性，各部委与省级政府需要同时考虑到两个利益相关群体的利益。对于政府来讲，因当前我国正处在社会转型的关键时期，不管是从哪个立场思考，都需要从管理型政府转为服务型政府。要实现政府的该角色定位转换，在省部共建工作中，地方政府主要通过如下两种途径：从个体层面上来说，省部共建地方高校的教师及学生的利益得到充分保障，同时，顾及地方高校省部共建的投资方、创办人及高层管理者的利益。从组织层面来说，一是通过设立公共财政机制来扶持地方高校的省部共建发展，同时设立相关专项项目；二是建立相应的公共平台，完善相关的财务管理规范制度，并且加大对公共财产去向的监督。

第二，省部共建地方高等教育市场必须规范。规范有序及公平竞争是市场经济体制国家市场的应有之义。从当前阶段来看，生源市场与就业市场是省部共建地方高等教育两个主要的方面。从生源市场角度来看，一方面，地方高校可以自行确定相关的招生计划，拥有自主招生的权力；另一方面，各部委要加强对省部共建地方高校招生秩序的规范化，以提高省部共建高校在社会中的诚信度。此外，要逐步打破地方高校招生的区域壁垒，逐渐实现在没有任何行政附带的条件下，省部共建地方高校在全国范围内招生。

第三，在当下高考生源数量下降趋势的背景下，政府部门需要严格控制新增高校的数量，尤其是地方省部共建高校的数量，避免已有高校实力的弱化。首先，要在高校毕业生就业市场上做好“省”这篇文章，以“省”为支架，搭建区域经济社会发展与人才需求间的桥梁，加强两者的联系，从而提高所属区域中毕业生的就业率，使服务区域经济社会发展的办学理念深入人心。其次，要提高地方高校共建机制的灵活性，不断对人才培养模式进行创新，完善更新课程体系，优化调整学科专业结构设置，牢牢树立为区域经济社会发展培养人才的理念。然后，坚持“以人为本”的发展理念，锻炼提高省部共建高校学生的动手能力，使得学生更加脚踏实地，思维更加创新。最后，需要对创业教育进行积极引导，大力支持学生自主创业。

2)完善内部治理机制

第一，提升大学章程的功能。事实证明，起源于经济领域的公司章程可以适用于省部共建地方高校。明确的产权归属是大学章程成立的先决条件。因此，产权的明晰可以有效避免省部共建地方高校董事会的虚设。大学章程对于那些以公益性为主的省部共建地方高校来说，可以明确省部共建地方高校的控制权分割。基于现阶段我国省部共建地方高校董事会存在的问题，必须增强大学章程的功能，防止出现办学功能“虚化”与机构“虚设”的情况，把“董事会”的设立与否作为评估省部共建工作的重要指标。

第二，建设职业化校长队伍。吴家玮曾说过：“一所大学要办得好，起点必须高，最初的参与者最为关键。”可见，省部共建地方高校校长是一面非常重要的“旗帜”，发挥着重要且不可替代的作用。清华大学老校长梅贻琦也曾讲出“所谓大学者，非谓有大楼之谓也，有大师之谓也”的哲理名句。从当下的教育背景来看，大师已经不仅仅要会学术，同时还需要会管理。省部共建地方高校办得好与坏，很大程度上取决于校长是否具有卓越的管理水平，而不再仅取决于其学术能力。因此，在组建省部共建地方高校校长班子时，除了考虑改善领导班子的年龄与知识结构，还需要组建一支类似公司 CEO 职业化的校长队伍。这就要求现有的校长在先进管理理念及大学治理这些方面进行系统专业的培训。

第三，完善监督体系。实现省部共建地方高校民主管理的关键在于健全和完善其监督体系，并且切实加强省部共建地方高校校内监督。为了健全监督系统从而实现省部共建高校的可持续健康发展，本书提出如下 5 点建议：①实行校长问责制，从而最大限度上确保对校长及其他执行机构的监督；②建立并完善职工代表大会制度，切实保障全体职工及学生的切身利益，创建职工与学生的利益诉求制度；③在设立监事会的同时也要加强对校董事会的监督，确保两者职责既能分工又能避免交叉重叠；④为确保省部共建高校的办学方向正确，需要加强对省部共建地方高校的党组织建设；⑤设立并完善督导员制度，最大限度地发挥督导员的监导职能。

6.3　地方高校省部共建水平提升的创新举措

在高等教育发展新时期，回顾我国地方高校省部共建十几年的发展历程，总结经验，创新举措，这对于进一步建设好省部共建地方高校及推进我国高等教育的改革发展具有十分重要而长远的意义。展望未来，地方高校省部共建工作要站在时代高度，规划战略全局，重新审视高等教育发展与社会需求的关系，促使地方高校省部共建发展迈上新台阶。根据十几年的省部共建工作开展概况，我们可以获得一些有益的经验和创新举措。具体来讲，创新共建体制机制，充分激发共建高校办学发展的活力，突出其战略地位是省部共建工作开展的基本要求；立足于区域，强化共建高校特色，发展具有区域特色的高等教育是省部共建工作开展的必经之路；联合社会多方力量，协同互助，共同创新，一同推进共建高校发展是省部共建工作开展的重要推力。

6.3.1 创新共建机制，突出战略地位

地方高校省部共建工作重点布局区域主要是中西部地区、少数民族地区和革命老区。这些区域具有非凡的战略意义，发展好这些区域有利于维护国家统一、民族团结及社会稳定。然而，“老、少、边、穷”等区域劣势极大地阻碍了这些区域的可持续发展。倘若仅靠国家的政策及财政的扶持，不能从根本上解决区域间发展不平衡的问题。因此，推进中西部地区高等教育的发展对于促进中西部地区经济社会的可持续发展有着深远的作用，如让中西部地区从依赖国家“输血”变成自主“造血”。实现此目标，不仅仅可以优化我国的高等教育结构，还可以推进省部共建工作。可以说，地方高校省部共建是国家高等教育发展战略规划布局下的产物，与区域经济社会的发展紧密相连。要凸显地方高校省部共建的战略地位，就要充分发挥和调动共建高校办学发展的活力和动力。而发挥共建高校办学发展的活力与动力的关键在于共建管理体制的创新。

地方高校省部共建机制是对我国高等教育管理体制的一项突破性的创新实践。地方政府、教育部乃至行业部委或企业（社会组织）共建地方高水平高校，打破了地方高校与中央部委直属高校的两级分层管理局限，改变了它们之间单一的纵向从属关系，增强了地方高校与教育部、地方政府及有关行业部委或企业（社会组织）之间的横向交流，有利于促进高教资源在区域之间流动与共享。在选择共建高校对象方面设定了比较严格的

准入门槛，共建对象必是当地办学实力比较雄厚并且“办学历史悠久、区域特色鲜明”的高校，同时，还需具有较好的办学基础和突出的区域地位，这些都是共建工作顺利实施及持续进展的前提和保障。

为了推动省部共建工作获得实效，教育部和地方政府多举措并进，共同努力，为共建高校的发展提供了新的机遇与平台。从教育部的角度来看，通过邀请共建高校校长参加中外大学校长论坛，安排共建高校领导参加海外培训，参加直属高校工作咨询等重要的会议，为共建高校与直属高校的对话搭起了桥梁；积极争取“中西部高校综合实力提升工程”“中西部高校基础能力建设工程”和“地方高校发展专项资金”对共建高校工作开展的支持；主动为共建高校制定战略规划提供咨询意见，加大对共建高校科研基地建设、研究生教育等方面的支持力度；倡导直属高校增强对共建高校的对口援助力度，在人才培养、干部学习锻炼、科研带动、师资队伍建设、学科建设等多个领域展开一系列扎实稳健的合作。省部共建工作的实施同时推进了地方政府主动支持区域高等教育的改革发展，多数地方政府认真实施省部共建协议的相关举措，并在人才引进、政策、资金等多个方面予以支持，在一些重点建设项目上优先考虑共建高校，推动了共建高校的发展。

显然，省部共建机制已是一项趋于成熟的制度安排。建立健全规章制度和长效发展机制，用制度规范和指导地方高校省部共建政策发展走向是其重要发展趋势。首先，要建立和完善省部共建规章制度和相关政策法规。对省部共建对象的准入标准、过程管理、退出原则等方面做出详细规定，并进一步明确教育部、地方政府、共建高校乃至参与共建的相关行业部委或企业（社会组织）的责、权、利。其次，成立组织机构领导省部共建工作的开展。例如，国家层面由教育部领头成立省部共建工作协调领导小组，其深化了部内各司局及财政部、国家发改委等部委的沟通；省级层面由省级政府领头成立省部共建领导小组，主要负责协助和指导省部共建工作；学校层面也应成立省部共建工作领导小组，具体负责统筹、指导学校共建任务的落实。最后，完善共建主体的定期会商机制。加强对共建高校的政策检查和评估工作，形成教育部、省级政府、共建高校三者积极互助交流的会商机制。各个主体要贯彻落实共建协议，不断增强共建的主体及责任意识，积极履行共建承诺，明晰合作方向和重点，谨防共建工作的“空心化”和“走过场”，避免将省部共建从一份重大责任变成徒有虚名的荣誉标识，有效促进共建协议的落地生根。①

6.3.2 立足区域需求，强化高校特色

省部共建地方高校要和区域经济社会发展紧密联系在一起，才能更大程度上提高其战略地位，发挥其智囊团的作用。扎根区域是共建高校办学发展的基本前提。共建高校所在的区域一般具有独特的区域特色，不同区域状况和经济社会发展特点对区域高等教育的发展有不同的要求。因此，地方高校省部共建应当结合其区域的特色，要走与其区域经济社会发展相协调的办学之路，将高校建设成具有地区鲜明特色的高水平大学，实现其多元化发展。这就需要共建高校将“扎根区域、服务区域、建设区域”的办学理念深入落实，与区域经济社会发展相融合，实现人才培养、科学研究、社会服务。②

第一，人才培养要对接区域实际需求。地方高校省部共建肩负着区域人才培养的重大职责，要实现人才培养从量到质的突破，实现由人力资源转变为智力资源。为了迎合我国经济发展新常态的态势，共建高校要在了解区域切实需求的前提下，致力于培养区域发展所需要的人才，更好地为区域发展服务。按照高校类型划分，共建高校群体既包括了综合性高校，也包括在专业和人才培养方面具有特色的高校。综合型共建高校要以培育“厚基础、强能力、宽口径、重实践”的复合型人才为目标，积极加强与不同学科之间的相互协作，发挥出学科专业多而全的优势。以南昌大学为例，学校启动了拔尖人才培养模式综合改革，推行跨学科、跨

---

① 于洪良.新一轮高校省部共建:实践进展及未来走向[J].中国高教研究,2014(4):38-43.

② 郎永杰,张冠蓉.推进省部共建高校发展迈上新台阶[J].中国高等教育,2016(20):30-32.

学院培养人才的改革：探索应用型人才培养途径，与省委宣传部共建新闻传播学院，培养卓越新闻人才；与企业联合开设江铃实验班、中兴通信班等，努力对接区域社会经济发展需求。① 师范类共建高校要重点结合教师教育的专业优势，以基础教育、职业教育及高等教育等专业领域为中心，创建全面的师范类人才培养体系来培养各种师资人才。以华南师范大学为例，学校重点建设“心理与行为科学”“教育理论与教育技术”“基础教育改革与实践”等三大学科群，支持华南基础教育质量评价与坚持预警体系，引领和推动广东乃至华南地区基础改革教育改革发展实践，努力积极打造国内一流教师教育，努力培养出一批一流的师资人才。以上类型共建高校有利于促进人才培养的立体化、多元化，为区域经济社会发展提供人才支撑。②

第二，科学研究要以区域产业的发展作为前提。共建高校能够为区域的发展提供新的知识生产创造力，因此共建高校更应该有效对接区域、国家及国际的重大发展需求，以助力区域经济社会发展为己任，实现知识生产、转化、应用，巩固校地合作，增强和区域之间的交流与协作，从而在协同创新过程中达到两者共赢。在开展校地合作的过程中，共建高校找到可以依托的协同创新平台，不仅要在纵向上实现创建国家、省、校等3个层次的创新体系，而且需要在横向上加强高校和区域创新主体之间的联系，通过协同创新平台，多方资源互利共享，共同推动科研成果转化和区域经济社会发展。例如，郑州大学围绕学科架构构建国家、省和学校3级学术平台体系，组建了6个校级科研平台，如为服务河南主导产业，重点建设河南资源与材料产业协同创新中心，成立河南省资源与材料工业技术研究院，推动河南资源产业转型升级。

---

① 教育部省部共建工作研究中心，山西大学地方高等教育研究中心，山西大学高等教育研究所.省部共建地方高校工作10周年纪念文集[M].太原：山西经济出版社，2015.

② 教育部省部共建工作研究中心，山西大学地方高等教育研究中心，山西大学高等教育研究所.省部共建地方高校工作10周年纪念文集[M].太原：山西经济出版社，2015.

第三，社会服务要着重于区域重大问题。共建高校作为区域经济社会发展的“智力团”，要紧密关注国家、区域的重大需求，为区域经济社会发展建言献策、贡献智慧。从共建高校服务社会区域发展的现状来看，共建高校可以从 3 个层面为区域发展提供服务：一是共建高校对区域的重大问题进行研究，如区域发展中的重大转型、民生建设及各种潜在的社会发展问题，为相关的政策制度提供科学合理的依据。以山东财经大学为例，学校为适应山东未来财税改革与发展要求，与山东省财政厅合作设立了山东财政改革发展研究院，通过成立联合协同攻关团队，对重大财税舆情展开分析与研判，对重大财税改革问题进行合作研究，为政府财政管理提供改革参考方案和政策建议。二是共建高校要把委托咨询（高校受政府、企业的委托）作为重点项目进行研究，然后针对某个特定的问题或者领域进行进一步研究，完成委托的任务，并提供可行性方案及建设性意见。三是共建高校的各个研究基地通过承担项目及课题实现与高校科研院所的对接，为地方政府、行业部门等的决策咨询提供重要的理论参考依据和实践支持。以东北财经大学为例，学校依托省级协同创新中心——辽宁沿海经济带产业升级与对外开放协同创新中心，于 2015 年向全国政协提交了关于辽宁沿海经济带发展的咨政建议，2016 年向党中央和国务院提交了关于辽宁实施自贸区战略的咨政建议，并围绕辽宁省第十二次党代会上的报告的重点调研选题展开深入研究，连续为省经济合作局提供决策咨询服务；同时，坚定不移推动全面从严治党、持之以恒落实五大发展理念和“四个着力”，为辽宁省扎实推进振兴发展、全面建成小康社会而奋斗。

6.3.3 加快治理创新，推动协同发展

区域创新系统中的 3 个关键性组织是地方政府、企业、高校，三者经过相互协作形成了区域创新系统的核心驱动力，很大程度上提高了区域整体的创新创造能力和发展水平。区域经济社会发展情况会影响地方高校省部共建的办学水平和办学成效，反之，共建高校的发展也会对区域经济社会的发展造成一定影响。在区域创新系统中，地方政府、地方高校及企

业三者都有各自的使命，起到不同的作用。因而，要合理地调解好区域创新系统中不同组织之间的关系，促进各个组织之间的协作，逐步整合为一股力量，共同促进高校发展向更高台阶迈进。

地方政府作为区域创新系统中的巨擘，其在高校与企业之间牵线搭桥，进一步推动了相关企业与高校之间的学习与交流。然而，共建高校主要采取“教育部扶持，地方政府管理为主”的管理模式，因此，地方政府依旧是共建高校的主要投资者及管理者，其职能的有效发挥对共建高校的发展起到关键的作用，地方政府大力支持有助于提升共建高校的办学水平和办学层次。企业作为技术创新的主体，是区域创新系统的核心构成。企业对区域产业发展的问题和方向有更深刻的了解，且掌握了行业重要的资源，因此企业与共建高校的资源互动将有助于共建高校更好地进行技术创新。

共建高校是区域创新系统的核心成员，能够引导区域高等教育协调发展，并为区域经济社会输送人才及提供科技、智力的支撑。在区域创新系统中，作为区域创新源泉的共建高校能够充分运用知识生产力的作用，不断地为区域发展提供新技术与新知识。虽然区域创新系统的各个组织间有着其各自特有的作用范围及功能范畴，但随着各个组织之间的经常交流与互动，各个组织本身的功能都会得到强化，这将有助于区域创新系统整体效能的提升。从共建高校自身发展的角度出发，共建高校对内要加强学科专业的建设，使其与区域经济发展的实际需求相适应，从而培育出更多区域创新创业人才，以便更好地为区域发展服务，充分发挥其在区域创新系统中的作用；共建高校对外要积极合理利用外部社会资源，加强与当地政府及企业的相互学习交流，力争获得更多外部力量的支持，努力开拓高校的发展外延，获得更多的发展可能性。与此同时，地方政府、企业、高校要合作共建区域创新系统，在三者之间形成良好的协作关系；要在推动区域发展的同时，为共建高校的发展创造更多的发展机遇和外部环境条件；要优化可用资源配置，共同促进共建高校的发展。

我国地方高校省部共建政策设计的初衷是使地方高校能够通过省部

共建的大平台，经过多种协同形式，如省部协同、省校协同、校企协同、部校协同、校地协同等，达到“1＋1＞2”的效果。一部分共建高校正是合理运用了省部共建这个大平台，完成了自身的突破与创新。例如，浙江工业大学充分利用省部共建机制提供的“浙江大学将在人才培养、学科建设、干部交流、师资培训等方面加强对浙江工业大学的对口支持与合作”的机会，联合上海医药工业研究院、浙江大学等单位，吸引俄罗斯科学院西伯利亚分院、美国 CUI、美国 IPS 公司等国际创新力量及浙江医药、华东医药等一批制药行业的龙头企业，创建长三角绿色制药协同创新中心，并使其成了首批当选国家“2011 计划”的 14 个协同创新中心之一。

6.4 地方高校省部共建协同治理案例解析

以浙江工商大学为例，其在省部共建的过程中取得了一定的成效，但是距共建目标及明确学校自身发展定位还有很大距离。浙江工商大学目前的发展模式为积聚优势发展型，学校根据目前省部共建的基础，以及学科发展的态势，确立了以统计学为重点的“一飞冲天”发展策略，力争将统计学建设为下一轮国家“双一流”学科。但下一步浙江工商大学该如何发展？选择什么样的路径？浙江工商大学的共建路径必然是通过 C_2 积聚优势发展型，转向 C_1 深化优势发展模式，步入“双一流”高校的行列；进而通过优化学科门类，进一步增加一级学科博士点，向 B_1 增实综合发展型发展，最后向 A_1 顶实综合发展型迈进，如表 6-1 所示。浙江省人民政府已经将浙江工商大学统计学、工商管理学学科纳入浙江省重点大学优势特色学科，投入额外的资源推动学科的发展。另外，在浙江省全省教育大会上，把“浙江工商大学等省重点建设高校在若干优势学科上具备冲刺世界一流学科的基础，要突出重点，集中支持，争取早日进入‘双一流’”写入了报告。

表 6-1　浙江工商大学省部共建发展路径规划

序号	增长倍数	入选“双一流”情况	
		入选“双一流”	没有入选“双一流”
1	增长倍数≥5.15	A_1：顶实综合发展型 最终发展目标	A_2：顶实持续发展型
2	3.68≤增长倍数<5.15	B_1：增实综合发展型 高速发展阶段	B_2：增实持续发展型
3	2.48≤增长倍数<3.68	C_1：深化优势发展型 “双一流”战略	C_2：积聚优势发展型 目前位置
4	增长倍数<2.48	D_1：缓慢积淀发展型	D_2：磨合探索发展型

浙江工商大学依托省部部共建机制，以“大商科”为办学特色，坚定不移地走内涵式发展的道路，创建了全面的商科类学科方向、科研立足行业前沿、人才培养体系特色鲜明、社会服务成效显著、文化传承创新影响深远、国际交流积极活跃的“大商科”平台。紧随“有特色、高水平”的高校发展趋势，学校以省部共建为契机，结合自身的办学特点，努力探索出了特色大学的发展途径，对省部共建地方高校办学特色的建设具有一定的启示。

具体而言，有以下几点：第一，省部共建地方高校要集中精力建设优势特色学科，以优势学科带动学科间的融合、渗透、交叉，积极发展新兴交叉学科；第二，省部共建地方高校要在更高层次、更全方位上建立与行业紧密联系的机制，科研要立足行业前沿问题，有效整合相关领域的资源，加强产学研联盟，以进一步提升协同效应；第三，在人才培养方面，省部共建地方高校应有其自身的特点和要求，只有坚持“个性化培养，多元化发展”的根本原则，才能创建系统化、多样化及创新型的人才培养模式，才能切实提升人才培养的质量；第四，省部共建地方高校的服务方向要明确为区域和行业，再辐射全国，使高校成为高水平科学研究和科技成果转化的重要基地，成为推动区域经济社会发展的一支重要力量；第五，省部共建地方高校要充分发挥地域特色文化优势，必须加强相关研究，以创新作为驱动，营造良好的氛围，才能进一步促进区域特色文化的建设与发展；第六，省部共建地方高校要进一步提高国际化程度，大胆“走出去”“请进来”，积极开展多方位的国际交流与合作，引进国际优质教育资源，以进一步拓展学校的办学空间，提升学校的国际影响力和竞争力。

近年来，浙江工商大学明晰了发展思路，完善了共建机制，采取了创新举措，取得了明显的成效：以众多国家一流专业、课程等为依托的人才培养水平不断提高；以承担国家社科规划办、商务部的商贸课题研究层次不断提升；国内首家培养小微、普惠金融高端人才的非独立设置混合所有制学院——泰隆金融学院的服务社会范围不断扩大；以文化浙商为题，探究浙商的文化之源、精神之核和价值之本的新型智库——浙商研究院为平台的浙商文化传承创新不断推进；以跟世界名校英国萨塞克斯大学合作举办中外合作办学机构——浙江工商大学萨塞克斯人工智能学院（“请进来”），跟阿联酋沙迦大学合作创办丝路学院（“走出去”）为契机的国际交流合作取得新突破。

第7章 结 语

自2004年教育部实施地方高校省部共建政策以来，该项工作持续推进，省部共建地方高校队伍也在不断扩大。截至2019年底，省部共建的地方高校共计80所，这些高校是地方高校的排头兵，在地方经济社会发展中发挥着重要的支撑和引领作用。然而，从整体上看，教育部、相关行业部委与地方政府落实和推动共建工作有待进一步完善，共建高校的改革发展仍然面临许多困难和问题。因此，这80所共建高校要在国家政策支持下取得跨越性的发展，关键在于如何进一步完善地方高校省部共建的各项工作。本书对地方高校省部共建的现状、绩效、影响因素、运行机制和水平提升策略等问题展开了分析，取得了一些兼具理论意义和现实价值的研究成果。

7.1 本书的基本观点和主要结论

（1）以往关于地方高校省部共建的研究虽然已经取得了一定的成果，但是仍存在许多不足之处，尤其是缺少对地方高校省部共建实践发展的整体梳理总结，更缺少基于理论视角的研究。本书认为，需要从理论层面对地方高校省部共建实践中的运行机制、提升策略等进行深入探讨，以推动实践的发展。

（2）省部共建是我国高等教育管理体制改革实践的产物，地方高校省部共建政策由点及面逐渐推开，从试点逐步走向成熟。纵观地方高校省部共建政策的发展脉络，本书认为可以分为 3 个阶段：探索期、扩展期、深化期。省部共建政策实施十几年来，主要体现了三大特征，即政策目标的渐进性、政策形式的多元性、政策边界的延展性。本书总结了地方高校省部共建政策推行十几年来的有益经验，主要有 3 个方面：一是要创新共建体制，突出共建高校的战略地位；二是要扎根区域，深化共建高校特色；三是要联动社会多方力量，协同创新，共促共建高校发展。

（3）本书对地方高校省部共建的绩效进行了综合评估。在绩效定性分析方面，认为地方高校省部共建政策实施十几年来，影响显著，主要表现为优化了国家高等教育资源的布局，提升了共建高校的综合实力，推动了区域经济社会的发展。在绩效定量分析方面，基于共建高校在近两轮学科评估的结果，并结合“双一流”的入选情况，认为 80 所省部共建地方高校在 2012—2017 年间的学科绩效可以划分为 8 个层次，即顶实综合发展型、顶实持续发展型、增实综合发展型、增实持续发展型、深化优势发展型、积聚优势发展型、缓慢积淀发展型、磨合探索发展型，规纳了共建高校学科绩效差异的影响因素为共建基础、办学定位、共建形式与共建力度。

（4）省部共建地方高校的共建工作涉及多方的利益主体（即共建主体），主要包括地方高校自身、省级政府、教育部、行业部委或企业（社会组织）等。由于各个共建主体在合作过程中有各自的利益诉求与目标，属于非完全利益共同体，冲突是在所难免的。一旦冲突不能得到彻底化解或者冲突恶化，共建各方的利益都会受到损耗。因此，共建主体之间需要探索有效的合作策略，并且在合作过程中有冲突规避和冲突解决机制。本书认为，在共建主体合作的过程中，主要存在 3 种机制，即理性机制（如省部共建协议等）、效用转移机制（如多主体协同治理机制等）、协商机制（如定期会商机制、信息共享机制等）。在这 3 种机制的共同作用下，由多主体参与的省部共建的合作系统才能形成，并有序、高效地运转，各个共建主体在合作过程中实现自己的利益最大化和合作的共同目标。

（5）地方高校省部共建的关键在于共建主体及运行机制的完善，这就是大学治理的范畴。大学治理类似公司治理，都是在协调利益相关者之间的激励约束关系，省部共建地方高校治理问题的核心就集中表现在政府在大学治理中的地位和作用。本书认为，要从优化外部治理机制（如明确政府角色定位、规范省部共建地方高等教育市场、严格控制地方高校省部共建的数量等）和完善内部治理机制（如增强大学章程的功能、打造职业化校长队伍、健全监督体系等）两方面着手，以进一步提升地方高校省部共建的治理效能。

（6）办学特色是一所高校生存与发展的生命线，其综合体现了高校的办学实力、品牌影响力和社会声誉等。肩负特殊使命的省部共建地方高校应当充分利用省部共建平台的优势，形成具有核心竞争力的办学特色。本书认为，省部共建地方高校应该从学科建设、科学研究、人才培养、社会服务、文化传承、对外合作交流等 6 个方面进一步凝练和深化办学特色。

7.2 本书的创新之处

本书以系统科学的视角总结探讨了地方高校省部共建现状、绩效、影响因素、运行机制和提升策略等问题，研究的创新之处主要有以下 3 个方面。

（1）本书将地方高校省部共建的绩效纳入研究范畴，运用综合评价研究，探索性地揭示 2012—2017 年省部共建实践发展中地方高校学科发展的对比情况，厘清了影响地方高校省部共建的关键因素。本书突破以往以定性方式为主分析地方高校省部共建的成效，以定性与定量相结合的综合分析方式，构建了共建高校绩效综合评估的研究框架。

（2）本书基于非完全利益共同体合作博弈这一新的理论视角，从合作与冲突两个方面探讨了地方高校、省级政府、教育部及行业部委或企业（社会组织）等共建主体的内在合作机制和冲突协调解决机制等问题。

（3）本书借鉴公司治理转型的分析框架，通过对地方高校省部共建内部的权力属性进行分析与界定，建设性地提出了地方高校省部共建存在问题的解决对策、共建主体的合作机制如何完善等提升共建水平的建议。

7.3 本书的主要不足及展望

对地方高校省部共建有关问题的研究是一项既具理论性又具实践性的研究课题，既涉及理论建构，又涉及对具体数据资料的分析。然而，目前涉及省部共建工程投入的数据资料难以直接获得，基于省部共建的实际产出更是难以清晰界定，这些影响到本书结论的客观性和案例分析的深度。

在研究省部共建绩效的有效性问题上，本书集中探讨了省部共建举措对共建高校绩效的影响，对其他影响共建高校绩效的因素的分析难以顾及，有待后续予以专门研究。

参考文献

[1] 高树仁. 行业划转院校省部共建模式研究 [M]. 沈阳：辽宁人民出版社，2016.

[2] 李福华. 大学治理的理论基础与组织架构 [M]. 北京：教育科学出版社，2008.

[3] 李维安，王世权. 大学治理 [M]. 北京：机械工业出版社，2013.

[4] 孙绵涛. 教育管理哲学：现代教育管理观引论 [M]. 武汉：武汉工业大学出版社，1997.

[5] 王莉华. 我国研究型大学组织绩效评价理论和方法研究 [M]. 杭州：浙江大学出版社，2018.

[6] 应望江. 中国高等教育改革与发展 30 年（1978～2008）[M]. 上海：上海财经大学出版社，2008.

[7] 尹晓敏. 利益相关者参与逻辑下的大学治理研究 [M]. 杭州：浙江大学出版社，2010.

[8] 邹晓东，陈劲. 省部共建大学发展战略研究 [M]. 杭州：浙江大学出版社，2008.

[9] 张朋柱，叶红心，薛耀文，等. 合作博弈理论与应用——非完全共同利益群体合作管理 [M]. 上海：上海交通大学出版社，2006.

[10] 张德祥. 高等学校的学术权力与行政权力 [M]. 南京：南京师范大

学出版社，2002.

[11] 詹姆斯·N. 罗西瑙. 没有政府统治的治理 [M]. 南昌：江西人民出版社，2001.

[12] 教育部省部共建工作研究中心，山西大学地方高等教育研究中心，山西大学高等教育研究所. 省部共建地方高校工作 10 周年纪念文集 [M]. 太原：山西经济出版社，2015.

[13] 全球治理委员会. 我们的全球伙伴关系 [M]. 伦敦：牛津大学出版社，1995.

[14] 山西大学省部共建办公室，发展规划处，高等教育研究所. 省部共建高校战略发展研究 [M]. 太原：山西教育出版社，2008.

[15] 别敦荣. 学术管理、学术权力等概念释义 [J]. 清华大学教育研究，2000 (2)：44-47.

[16] 别敦荣，郝进仕. 论我国高等教育地方化和地方高等教育发展战略 [J]. 高等工程教育研究，2008 (1)：54-60.

[17] 毕宪顺. 高校学术权力与行政权力的耦合及机制创新 [J]. 教育研究，2004 (9)：30-36.

[18] 陈栋. 论高校"省部共建"的现状与路向 [J]. 高校教育管理，2016 (6)：101-105.

[19] 陈昌耀. "共建"性地方高校的学科发展定位与实现路径 [J]. 山西财经大学学报（高等教育版），2008 (3)：30-32.

[20] 陈阳，王永刚. 试论经济转型时期的地方高校发展定位 [J]. 教育与职业，2014 (14)：32-34.

[21] 陈蓉蓉，林雷. 地方高校服务区域经济社会发展研究综述 [J]. 经济师，2009 (4)：121-123.

[22] 程肇基. 地方高校与区域经济共生发展的理论探索 [J]. 教师教育研究，2013 (5)：6-10.

[23] 程天君，陈栋. 自主抑或依傍：困境中的"省部共建"高校 [J]. 高等教育研究，2015 (5)：29-36.

[24] 杜玉波. 总结经验　认清形势　将省部共建工作不断引向深入——

在 2014 年省部共建工作研讨会上的讲话 [J]. 中国高等教育，2014（24）：4-8.

[25] 丁奕. 转型地方高校发展的路径依赖与锁定效应分析 [J]. 华中师范大学学报（人文社会科学版），2014（6）：163-168.

[26] 德里克·博克，曲铭峰. 大学的治理 [J]. 高等教育研究，2012（4）：16-25.

[27] 董云川. 论大学行政权力的泛化 [J]. 高等教育研究，2000（2）：63-67.

[28] 顾永安. 校地互动：地方高校科学发展的新思路 [J]. 高等教育研究，2011（2）：50-55.

[29] 郭丽君. 地方高校发展的困境与战略选择——基于政策博弈的视角 [J]. 现代大学教育，2009（5）：102-106.

[30] 郭贵春. 强化省部共建高校特色的探索与实践 [J]. 中国高等教育，2009（1）：42-44.

[31] 郭贵春. 把省部共建高校建成引领区域高等教育发展的高水平大学 [J]. 中国高等教育，2012（9）：11-13.

[32] 格里·斯托克，华夏风. 作为理论的治理：五个论点 [J]. 国际社会科学杂志（中文版），1999（1）：19.

[33] 高文兵. 省部共建高校定位与发展战略思考 [J]. 中国高等教育，2007（13）：24-26.

[34] 高树仁. 省部企共建行业划转院校：逻辑、价值与深化策略——基于社会资本的视角 [J]. 现代教育管理，2015（4）：56-60.

[35] 甘永涛，张维松. 大学治理结构的三种国际模式 [J]. 高等工程教育研究，2007（1）：72-76.

[36] 甘永涛，张维松. “权威—目的两分法”的起源与比较优势：一个新的理论分析框架 [J]. 比较教育研究，2007（1）：18-22.

[37] 龚怡祖. 大学治理结构：现代大学制度的基石 [J]. 教育研究，2009（6）：22-26.

[38] 龚怡祖. 现代大学治理结构：真实命题及中国语境 [J]. 公共管理学

报，2008（4）：70-76.

[39] 季飞，杨润杰. 省部共建地方高校政策执行效果评价——以教育部贵州省政府共建贵州大学为例 [J]. 教育文化论坛，2016（6）：38-43.

[40] 蒋华林. 论地方高校的历史使命及其发展战略 [J]. 国家教育行政学院学报，2009（9）：70-73.

[41] 蒋立杰，李俊林. 对地方高校与区域经济互动发展的思考 [J]. 河北广播电视大学学报，2011（4）：45-46.

[42] 贾锁堂，吴文清，郎永杰. 省部共建高校绩效评价方法探析 [J]. 山西大学学报（哲学社会科学版），2009（4）：124-128.

[43] 刘晖，李晶. 省域高水平大学建设政策：历史演进与价值选择 [J]. 高等教育研究，2017（3）：31-36.

[44] 刘如赞，张兴. 我国区域经济发展与高等教育宏观管理体制创新 [J]. 教育研究，2001（6）：38-40，48.

[45] 刘汉东，刘法贵，宋冬凌，等. 基于省部共建模式下地方行业高校人才培养的思考——以华北水利水电学院为例 [J]. 中国电力教育，2011（17）：33-39.

[46] 刘向东，陈英霞. 大学治理结构剖析 [J]. 中国软科学，2007（7）：97-104.

[47] 凌玲. 新形势下省部共建高校产学研合作机制探析 [J]. 才智，2014（11）：88.

[48] 蓝汉林. 省部共建高校人才培养的定位及其思考 [J]. 高等农业教育，2010（5）：19-21.

[49] 李爱民，郭有成. 我国共建高校分类及其发展研究 [J]. 高等工程教育研究，2017（1）：69-74.

[50] 李北群. 行业特色型高校共建体制探析——以南京信息工程大学的局省共建为例 [J]. 中国高教研究，2012（7）：72-75.

[51] 李兴国. 省部共建地方高校特征分析及前景展望 [J]. 重庆高教研究，2016（1）：60-64.

[52] 李化树. 论大学办学定位 [J]. 现代教育科学（高教研究），2003

（3）：31-33.

［53］李志义. 地方高校发展的战略选择［J］. 大连理工大学学报（社会科学版），2008（3）：1-3.

［54］李彬. 区域经济与地方高校人才培养定位［J］. 高等教育研究，2007（8）：64-68.

［55］李从浩. 中国大学行政权力的合法限度［J］. 高等教育研究，2012（5）：16-21.

［56］郎群秀. 地方高校发展定位的理论与实践思考［J］. 中国高教研究，2006（12）：49-51.

［57］郎永杰，张冠蓉. 推进省部共建高校发展迈上新台阶［J］. 中国高等教育，2016（20）：30-32.

［58］马德秀. 在服务社会中实现我国高校的超常规发展［J］. 清华大学教育研究，2004（5）：73-79.

［59］秦磊，杜静. 区域经济视角下的地方高校发展定位［J］. 北方经济（学术版），2006（7）：75-76.

［60］任屹立. 省部共建高校的服务定位：打造区域经济社会发展的核心动力源［J］. 兵团教育学院学报，2009（4）：54-56.

［61］孙东东，郝达富，史文川，等. 试论省部（局）共建中医药高校的协同合作关系［J］. 中国中医药现代远程教育，2014（8）：97-99.

［62］孙秋柏，金永龙，赵智博. 省部共建高校学科建设的路径选择——以辽宁科技大学为例［J］. 中国冶金教育，2009（2）：1-4.

［63］申作青，李靖华，张绪忠. 财经类高校的“大商科”办学特色分析——以浙江工商大学为例［J］. 浙江工商大学学报，2015（6）：5-13.

［64］武蓓. 创建省部共建高校办学特色的路径选择——以南京审计学院建设特色大学为例［J］. 宿州教育学院学报，2016（2）：75-76.

［65］王亚杰. 共建互动共赢——特色型大学与区域经济社会发展的互动机制初探［J］. 北京教育（高教版），2009（2）：21-24.

［66］王立新. 服务区域社会经济是地方高校的必然选择［J］. 中国高等

教育，2007（17）：51-52，60.

[67] 王旭东. 论地方高校社会服务职能的拓展 [J]. 中国高教研究，2007（8）：16-17.

[68] 王海平. 转换高等学校的办学机制 [J]. 北京高等教育，1999（4）：14-16.

[69] 王利民. 民主治校视角下的学术权力与行政权力 [J]. 中国高等教育，2005（19）：5-7.

[70] 王世权，刘桂秋. 大学治理中的行政权力：价值逻辑、中国与治理边界 [J]. 清华大学教育研究，2012（2）：100-106.

[71] 王英杰. 大学学术权力和行政权力的冲突解析——一个文化的视角 [J]. 北京大学教育评论，2007（1）：55-65.

[72] 谢安邦，阎光才. 高校的权力结构与权力结构的调整——对我国高校管理体制改革方向的探索 [J]. 高等教育研究，1998（2）：20-24.

[73] 许华荣. 区域经济视角下的地方高校发展定位重构 [J]. 福建论坛，2007（10）：35-38.

[74] 许士荣. 省部共建地方高校政策的特点、矛盾与新趋势 [J]. 重庆高教研究，2016（2）：30-37.

[75] 许为民，陈霄峰，张国昌. 大学学术权力与行政权力的合理定位与协调——从剑桥大学现代化治理改革谈起 [J]. 中共浙江省委党校学报，2013（1）：82-87.

[76] 徐吉洪，张乐天. 我国地方高校省部共建：过程、动力、特征与实质 [J]. 高等教育研究，2018（4）：34-41.

[77] 徐吉洪. 从省部共建到部省合建：我国中西部高水平大学建设的理念创新与制度变革 [J]. 高等教育研究，2019（1）：1-11.

[78] 徐高明. 省域高水平大学建设的体制机制创新与存在的问题——以北京、上海、广东高水平大学建设为例 [J]. 高等教育研究，2017（3）：37-44.

[79] 杨润勇. 影响地方高校发展的教育管理体制改革政策：回顾与分析 [J]. 大学（学术版），2010（12）：11-18.

[80] 杨林，李伟，李宏. 综合集成战略：地方高校实现跨越式发展的现实选择 [J]. 清华大学学报（哲学社会科学版），2009（6）：70-74.
[81] 杨林，李伟，李宏. 我国地方高校发展战略研究 [J]. 国家教育行政学院学报，2009（11）：3-7.
[82] 姚春梅. 特色凸显战略下地方高校“立地”服务的路径选择研究 [J]. 黑龙江高教研究，2008（2）：18-20.
[83] 叶芃. 论地方高校的特色化发展 [J]. 中国高教研究，2003（3）：38-39.
[84] 于洪良. 新一轮高校省部共建：实践进展及未来走向 [J]. 中国高教研究，2014（4）：38-43.
[85] 于洪良. 做强省部共建高校　打造省域高校“梦之队” [J]. 山东教育（高教），2019（4）：29-32.
[86] 周光礼. 重构高校治理结构：协调行政权力与学术权力 [J]. 中国高等教育，2005（19）：8-9.
[87] 周倩. 省部共建高校办学定位中存在的问题和对策建议 [J]. 现代教育科学，2012（11）：166-169.
[88] 周倩. 新型地方高校省部共建模式的发展取向与职能发挥 [J]. 现代教育管理，2012（8）：55-59.
[89] 周清明. 地方高校和谐发展的问题与建议 [J]. 中国高教研究，2009（7）：60-63.
[90] 周应佳. 关于地方高校发展的战略思考与实践 [J]. 襄樊学院学报，2009（1）：5-9.
[91] 张应强，彭红玉. 地方高校发展与高等教育政策调整 [J]. 高等教育研究，2008（9）：7-15.
[92] 张文晋，张彦通. 关于行业特色型大学共建体制的思考 [J]. 高教探索，2010（4）：15-18.
[93] 张婕. 地方高校与区域经济发展的关系及政策取向——对全国 111 所地方高校校长的问卷调查报告 [J]. 国家教育行政学院学报，2007（7）：81-83.

[94] 张正义. 增强地方高校为社会服务的意识和能力 [J]. 中国高等教育，2006（6）: 31-32.

[95] 张森. 行业特色型大学管理体制变革之思考 [J]. 江苏高教，2011（1）: 39-42.

[96] 张振伟，马建琴. 省部共建行业高校特色人才培养模式研究 [J]. 华北水利水电学院（社科版），2010（1）: 99-101.

[97] 张主社，吕宏伟. 对省部共建高校发展定位的思考 [J]. 山西大学学报（哲学社会科学版），2007（6）: 88-93.

[98] 赵婷婷，于旸. 美国大学中的行政权力及其对教师学术自由的影响 [J]. 高等教育研究，2006（12）: 86-93.

[99] 赵炳起. 教育分层与地方高校的发展 [J]. 教育评论，2007（1）: 18-20.

[100] 钟凯凯. 地方政府与地方院校战略联盟：动因、特征与模式 [J]. 现代教育管理，2012（2）: 20-24.

[101] 郑旭. 地方高校以特色发展服务区域社会 [J]. 辽宁教育研究，2007（10）: 51-53.

[102] 郑毓，袁彦鹏. 高等教育依附理论透视下的地方高校发展路径初探 [J]. 长春工业大学学报（高教研究版），2011（1）: 23-25.

[103] 郑毅，刘文斌，孟溦. 组织结构视角下的中国大学行政权力泛化 [J]. 高等教育研究，2012（6）: 25-29.

[104] 全国教育科学规划领导小组办公室. “省部企共建制度对行业划转院校影响及对策研究”成果报告 [J]. 大学（研究版），2019（3）: 85-91.

[105] 陈蓓蕾. 基于产学研联盟的中西部地方高校省部共建发展战略研究 [D]. 杭州：浙江大学，2008.

[106] 陈娟娟. 地方高校可持续发展的生态位战略研究 [D]. 武汉：武汉理工大学，2007.

[107] 程军. 共建高校的社会服务职能探析 [D]. 长春：东北师范大学，2006.

[108] 范成祥. 地方高校发展策略研究 [D]. 济南: 济南师范大学, 2007.

[109] 高欢. 治理理论视角下大学与政府关系研究 [D]. 武汉: 华中科技大学, 2009.

[110] 霍刚. 地方本科院校科技服务能力的评价研究 [D]. 太原: 太原科技大学, 2010.

[111] 刘少勤. 省部共建高校发展规划制定问题研究 [D]. 太原: 山西大学, 2010.

[112] 刘琳琳. 中国西部地区省部共建高校与政府关系研究——以治理理论为视角 [D]. 呼和浩特: 内蒙古大学, 2010.

[113] 龙美莉. 改革开放以来中国高等教育发展理念之检讨 [D]. 武汉: 华中科技大学, 2007.

[114] 马廷奇. 大学组织的变革与制度创新 [D]. 武汉: 华中科技大学, 2004.

[115] 钱韦成. 地方高校在区域创新体系中的作用研究 [D]. 南昌: 南昌大学, 2007.

[116] 邱地. 我国西部地方高校办学定位研究 [D]. 长沙: 湖南师范大学, 2013.

[117] 孙曙光. 治理理论视阈下我国公立大学内部制度研究 [D]. 长春: 吉林大学, 2017.

[118] 王志刚. 论发展地方高校科学研究 [D]. 武汉: 华中科技大学, 2004.

[119] 叶芃. 地方高校定位研究 [D]. 武汉: 华中科技大学, 2005.

[120] 杨柳. 地方院校办学特色建设研究——从生态位的视角出发 [D]. 南昌: 江西师范大学, 2006.

[121] 杨楠. 我国高等教育校际联动机制研究 [D]. 大连: 大连理工大学, 2010.

[122] 尹红. 我国“省部科技共建”合作机制研究 [D]. 武汉: 华中科技大学, 2010.

[123] 曾海涛. 西部省部共建高校定位研究 [D]. 杭州: 浙江大学, 2007.

[124] 曾上尧. 高等教育地方化政策对地方高校发展的影响研究 [D]. 长沙：湖南农业大学，2011.

[125] 张洪波. 大学参与地方发展之机制研究 [D]. 杭州：浙江大学，2010.

[126] 柴葳. 推进部省合建开创中西部高等教育发展新局面 [N]. 中国教育报，2018-03-02 (1).

[127] 陈强. 全国人大代表关爱和建议：加快省部共建地方大学发展 [N]. 中国教育报，2010-03-07 (2).

[128] 程志华. 突破体制瓶颈推进省部共建 [N]. 中国教育报，2010-03-29 (5).

[129] 蒋夫尔. 为中西部高教协调发展加油助推——"地方高校省部共建"三年成果综述 [N]. 中国教育报，2007-08-24 (7).

[130] 龙新. 部部、省部共建高校工作座谈会提出——构建长效机制推动共建高校服务现代农业 [N]. 农民日报，2014-04-04 (2).

[131] 李薇薇. 省部共建高校如何做时势所需"小棉袄" [N]. 中国教育报，2017-10-30 (6).

[132] 李薇薇. 部省合建打造高等教育新格局 [N]. 中国教育报，2018-03-26 (6).

[133] 申长雨. 省部共建推进区域高水平大学建设 [N]. 中国教育报，2010-01-25 (5).

[134] 于洪良. 省部共建不是荣誉奖励 [N]. 中国教育报，2014-12-01 (9).

[135] 周远清. 高教管理体制改革和布局结构调整取得历史性的重大进展 [N]. 中国教育报，2000-12-15 (1).

[136] 北京电影学院. 教育部、国家广电总局、北京市人民政府三家共建北京电影学院座谈会召开 [EB/OL]. (2013-03-13) [2015-05-16]. http://www.bfa.edu.cnnews2013-03/13/content_59177.htm.

[137] 国务院. 国务院办公厅转发教育部等部门关于调整国务院部门（单位）所属学校管理体制和布局结构实施意见的通知（国办发〔2000〕11 号） [EB/OL]. (2000-02-12) [2015-05-16]. http://www.gov.cn/gongbao/content/2000/content_60667.htm.

［138］国务院. 国务院办公厅关于加快中西部教育发展的指导意见（国办发〔2016〕37号）［EB/OL］.（2016-06-15）［2018-05-16］. http://www.gov.cn/zhengce/content/201606/15/content_5082382.htm.

［139］郑州大学发展规划处. 省部共建高校的定位、功能与作用［EB/OL］.（2015-10-21）［2016-05-20］. http://www5.zzu.edu.cn/fzghc/info/1027/1089.htm.

［140］BAUER M，ASKLING B. Transforming universities：changing patterns of governance，structure and learning in swedish higher education［M］. London：Jessica Kingsley Publishers，1999.

［141］BRAUN D，MERRIEN FRANCOIS-XAVIER. Towards a new model of governance for universities?［J］. A Comparative View，1999.

［142］BROWN J W O. Faculty participation in university governance and the effect on university performance［J］. Journal of Economic Behavior & Organization，2001，44（2）：129-143.

［143］BIRNBAUM R. The end of shared governance：looking ahead or looking back［J］. New Directions for Higher Education，2004，2004（127）：5-22.

［144］CLARK B R. The higher education system：academic organization in cross-national perspective［N］. California：University of California Press，1983.

［145］CAMPBELLJ P. Modeling the performance prediction problem in industrial and organizational psychology［M］//DUMRETTE M D，HAUGLH L M（Eds.）Handbook of industrial and organizational psychology，Palo Alto：Consulting Psychologists Press，1990.

［146］GOONEN N，BLECHMAN R，Higher education administration：a guide to legal，ethical，and practical issues［M］. New York：Greenwood Press，1999.

［147］GARDNER D E. Five evaluation frameworks：implications for decision-making in higher education［J］. Journal of Higher Education，

1977: 571-592.

[148] KIM S, LEE JU-HO. Changing facets of korean higher education: market competition and the role of the state [J]. Higher Education, 2006, 52 (3): 557-587.

[149] KNIGHT M. Governance in higher education corporations: a consideration of the constitution created by the 1992 Act [J]. Higher Education Quarterly, 2002, 56 (3): 129-143.

[150] KAPLAN G E. Do governance structures matter? [J]. New Directions for Higher Education, 2004, 2004 (127): 23-24.

[151] LAPWORTH S. Arresting decline in shared governance: towards a flexible model for academic participation [J]. Higher Education Quarterly, 2004, 58 (4): 299-314.

[152] SHATTOCK M. Re-balancing modern concepts of university governance [J]. Higher Education Quarterly, 2002, 56 (3): 235-244.

[153] SHATTOCK M. Governance and management in universities: the way we live now [J]. Journal of Educational Policy, 1999, 14 (3): 271-282.